FAGUI LIFA SHENCHA FABU
CANKAO GUICHENG

法规立法审查发布

参考规程

林　东 / 编著

法律出版社
LAW PRESS · CHINA
北京

图书在版编目(CIP)数据

法规立法审查发布参考规程 / 林东编著. -- 北京 : 法律出版社, 2024
ISBN 978 - 7 - 5197 - 8995 - 4

Ⅰ. ①法… Ⅱ. ①林… Ⅲ. ①立法-研究-中国 Ⅳ. ①D920.0

中国国家版本馆 CIP 数据核字(2024)第 072755 号

法规立法审查发布参考规程
FAGUI LIFA SHENCHA FABU CANKAO GUICHENG

林 东 编著

责任编辑 李 群 陈 熙
装帧设计 鲍龙卉

出版发行 法律出版社
编辑统筹 法规出版分社
责任校对 张红蕊
责任印制 耿润瑜
经　　销 新华书店

开本 710 毫米×1000 毫米 1/16
印张 9.75　**字数** 128 千
版本 2024 年 8 月第 1 版
印次 2024 年 8 月第 1 次印刷
印刷 北京建宏印刷有限公司

地址:北京市丰台区莲花池西里 7 号(100073)
网址:www.lawpress.com.cn
投稿邮箱:info@lawpress.com.cn
举报盗版邮箱:jbwq@lawpress.com.cn
销售电话:010-83938349
客服电话:010-83938350
咨询电话:010-63939796

书号:ISBN 978-7-5197-8995-4
定价:36.00 元

凡购买本社图书,如有印装错误,我社负责退换。电话:010-83938349

前　　言

法规草案立法审查和正式发布规程，是立法活动的关键程序，有助于最终实现法治社会有法可依。原则上法规草案只有在基本符合编写技术要求的基础上，才可进入审查阶段，也只有经过《立法法》授予立法权的国家机关立法审查(议)通过后方可由发布机关单位的负责领导签署发布。但实际审查过程中多因法规草案文本体量大、内容繁杂、涉及相关部门和人员多、协调内涵关系复杂，加上编写周期长和发布层次与形式调整变化等，为确保发布机关组织发布审议时的法规质量，通常从编写初稿成稿后有关部门和人员即进入相应的初期审查阶段。

按照《立法法》明确的立法程序要求，法规草案必须广泛征求立法意见，实际上就是在征求意见过程中反复审查草案稿的编写质量。法规草案只有经过专业系统、主管机关、相关单位、立法部门在起草编写阶段的反复审查，并通过发布机关审查(议)逐步完善后，才可进入签署正式发布阶段。法规按照法定规程通过立法审查并经发布机关负责领导签署发布后施行，最终实现规范领域范围内法治活动的有法可依。

20 世纪 80 年代国家重新启动清理法规工作后，逐步将立法活动从日常一般行政公文审批运行中区别并强化出来，并针对法规立法过程中出现的问题制定了《立法法》，为立法活动提供了统一的规程依据。本书根据作者于世纪之交前后二十多年参与法制正规化建设初期历程的实践体验，按照立法审查和发布活动一般规程及部分典型案例汇集了审查发布法规期间的经验教训，希望能促进立法发布机关加强科学立法、民主立法和依法立法并密切协调配合，供参与立法审查和发布活动的相关机构及人员参考。

在《立法法》规定的法规立法规程中，参与法规审查发布的所有单位、机关和部门及其各级领导，包括有关涉法的机构和人员，均应当明确意识到法规审查发布规程有别于一般行政公文批发程序。直接受法规立法审查规程影响的就是担负法规草案审查的有关业务部门、审签法规的各级领导和法规印制发行部门，尤其是立法发布机关签署发布法规的负责领导。发布机关负责领导签署发布的法规文书，不但严格区别于一般行政公文，更是为人民法院判案提供了直接的法律依据。

对于《立法法》明确授予立法权的发布机关来说，其机关部门必须严格按立法规程严密施行。参与法规审查发布的部门和人员在该过程中，要严格执行立法审查发布的规定程序，避免随意简化或改变法定规程。有关部门要努力做到主管业务部门严格按规程审查法规草案，立法主管部门必须提前介入法规初稿审查，相关业务部门审慎配合法规审查，各级领导监督审查发布规程严格执行，签署发布法规的立法发布机关负责领导全面审核参与立法活动的所有部门及人员的法定责任，负责法规印发的部门按法规文书制备要求正确印制并分发和备案法规。

发布机关的立法主管部门作为立法审查和发布的综合管理部门，上要对《立法法》赋予立法权的国家机关及其立法签署发布负责领导负责，下要协调各业务部门之间的法制建设制度关系，在立法活动中担负着综合协调责任，更应高度重视法规审查发布规程。

随着国家法治建设活动的深入发展，法制管理机制和立法审查与发布规程要求可能发生相应的变化。因编者水平有限,本书归纳汇集的改革开放和新时代前期法制活动立法经验教训,难免有不妥之处,仅是抛砖引玉。敬请有识之士与时俱进,促进立法审查发布规程的严密施行。

编 者

2024 年 1 月

目　录

第一章　法规立法审查基本条件　1

第一节　纳入法规编写立项　1
第二节　法规草案初稿成稿　4
第三节　立法审查早期介入　8
第四节　草案编写形式规范　11
第五节　草案内容基本成熟　13

第二章　法规立法审查基本原则　15

第一节　重视编写技术规范基础审查　15
第二节　强调立法主管部门法制专业审查　17
第三节　加强规范内涵准确性审查　19
第四节　严格规范内容一致性审查　20
第五节　坚持按审查规程严密审查　22

第三章　法规立法审查形式程序　24

第一节　主管业务部门专业审查　24
第二节　呈报单位法规草案编写审查　27
第三节　立法主管部门综合审查　29
第四节　发布机关立法审议　32

第四章　法规主管业务部门审查　36

第一节　专业业务主管人员审查　36
第二节　主管业务部门内部审查　39
第三节　主管业务部门领导审查　41
第四节　主管业务部门会议审查　43
第五节　主管业务部门审查需要注意的问题　45

第五章　专业业务系统辅助审查　48

第一节　专业业务系统专家审查　48
第二节　专业业务系统纵向审查　49
第三节　纵向范围关联业务审查　50
第四节　业务系统专业会审　50
第五节　业务系统辅助审查需要注意的问题　51

第六章　法规呈报单位立法审查　53

第一节　呈报单位内部业务综合审查　53
第二节　呈报单位立法主管部门审查　54
第三节　呈报单位领导立法审查　54
第四节　呈报单位会议立法审查(议)　56
第五节　呈报单位承办草案送审稿　58
第六节　呈报单位立法审查需要注意的问题　58

第七章　发布机关立法主管部门立法审查规程　61

第一节　立法主管部门法规立项审查　61
第二节　立法主管部门初审草案初稿　63
第三节　立法主管部门再审草案修改稿　65

第四节 立法主管部门终审草案送审稿 67
第五节 立法主管部门立法审查需要注意的问题 71

第八章 发布机关立法审议呈报稿 74

第一节 参审人员审阅法规呈报稿材料 74
第二节 汇报呈报材料编写和立法审查情况 76
第三节 发布机关会议立法审议法规呈报稿 77
第四节 发布机关会议确认立法审议结论 80
第五节 发布机关立法审议需要注意的问题 83

第九章 发布机关立法报批审签发布规程 86

第一节 主管业务部门呈报立法报批件 86
第二节 呈报单位和有关单位领导传签立法报批件 89
第三节 立法主管部门签署立法审查意见 90
第四节 发布机关各级领导签署立法报批件 92
第五节 发布机关的负责领导签署发布法规 94
第六节 立法报批审签规程中注意解决相关问题 95

第十章 发布机关承办印制法规规程 98

第一节 承办印制法规并报备法规文稿资料 98
第二节 办理登记法规发文号和印模 100
第三节 承印部门监印核校法规文稿规程 101
第四节 立法主管部门监控法规印发规程 103
第五节 发布机关印制法规需要注意的问题 105

第十一章 法规发布和备案前审查规程 107

第一节 法规发布均以文件形式发布 107
第二节 发布机关有关部门备案前审查 109
第三节 法规发布机关上报备案 110

第十二章 法规印发其他专用形式 112

第一节 法规以本册形式印发 112
第二节 法规用电子版形式公布和条旨版与释义版形式印发 114
第三节 法规用汇编形式重新编撰印发 115
第四节 选择其他专用形式印发法规需要注意的问题 117

附 录 118

附件一:首次清理法规发现的主要立法问题 120
附件二:立法审查发布与一般公文审签印发的主要区别 122
附件三:立法审查发布规程建立和施行初期部分典型案例 123
案例一:立法业务主管部门责任推脱之争 123
案例二:认为立法审查规程多此一举 124
案例三:初审发现立法法规依据的上位法还未发布 125
案例四:数年多文规范同一事务且有效但权限不一 126
案例五:业务部门不配合不理解出现低级失误 127
案例六:立法主管部门内部法制业务责任之争 128
案例七:两个业务部门规范同一对象但未协调统一 129
案例八:业务部门不理解立法精读审签规程造成重发 130
案例九:业务部门引用依据法规名称错误导致无法施行 131

案例十：业务部门不配合立法规划并推卸出事责任 132
案例十一：业务部门不理解系列法规共性内容统稿要求 133
案例十二：立法审查注意解决历史问题规范法言法语 134
案例十三：法制责任人员协调发布机关负责领导处罚批示 135
案例十四：立法审查注意引导业务人员选择合理用词 136
案例十五：法制责任人员归纳立法征求意见不当 137
案例十六：法制责任人员发现并纠正法规文印问题 138
案例十七：法制责任人员叫停隶属机关法规文印 139
案例十八：立法备案审查发现法规中有无法识别的怪字符 140
案例十九：立法主管部门规范法规本册扉页形式 141
附件四：发布法规文件与颁发一般公文要素模式区别 142
附件五：发布法规专用文件首页样式 143
附件六：发布法规文件印发本册扉页样式（含主要要素） 144

结　语 145

第一章　法规立法审查基本条件

贯彻实行依法治国方针，从组织编写起草法规草案开始到正式发布法规，真正实现有法可依，必须经过法定立法规程，立法审查和发布都是必不可少的关键程序和环节。不管属于法律体系哪个层次的法规立法审查程序，法规草案均须经过审定立项、审查内容和审议通过的反复审查（议）过程[1]。通常能够纳入立法审查（议）程序的法规草案均应具备纳入法规编写立项、法规草案初稿成稿、立法审查早期介入、草案编写形式规范、草案内容基本成熟等主要条件。

第一节　纳入法规编写立项

法规草案纳入法规编写立项，即指列入法规草案的编写计划（亦称立法计划）。编制立法计划时，往往根据设想可能列出很多立法项目，能否纳入立法计划项目必须经过立项审查。法规编写立项审查是法规立法初始审查，通常法规编写立项要先汇入专业业务系统法规体系，进而区分确定体系内层次和形式，然后纳入单位立法规划立项，最终列入年度立法计划项目。纳入法规编写立项是法规具备立法审查的基本条件。

---

〔1〕　参见周旺生：《立法学》，法律出版社 2009 年版，第 220 页。

一、汇入专业业务系统法规体系

主管业务部门应根据掌握的业务系统有法可依现状，针对主管专业的建设和管理需要，按照专业分类拟制业务系统法规建设框架系统图，将现行的和缺少的法规项目尽数汇集其中，形成部门主管业务专业系统法规体系。其中拟编修的和缺少的法规项目，即属于主管业务部门要重点进行编写立项审查和研究确定可否汇入专业系统的法规项目。

主管业务部门对拟编修的旧法规项目和新增加的法规项目，必须经过法规项目编写立项审查。对于拟编修的旧法规项目，主要是审查其修改的必要性和编修形式；对于新增加法规项目的编写立项，应全面审查其在专业业务系统中无法可依的现状和编写规范的必要性以及拟规范的对象、适用范围等的现实可行性，经审查确认后才能汇入专业业务系统法规体系。

二、区分确定立法层次和形式

主管业务部门对经立项审查确认汇入专业业务系统法规体系的法规编修项目，应同时审核并区分确定其立法层次形式。区分确定已立项法规编修项目的立法层次和形式，即首先应确定其属于哪级发布机关权限并符合哪个位阶层次的法律规范，其次要根据规范内容成熟程度区分该立法项目可采取法律、法规、规章等哪种规范形式编写（修）该草案。

主管业务部门经审核确定的立项法规编修项目，其立法权限可能涉及上至全国人大下至末级立法权机关，确定其立法的位阶层次即明确了该法规在法律体系中的准确位置。在明确立项法规编修项目的立法权限及在法律体系中位置的基础上，即可知道通常应选择相应的形式编写（修）该草案；当规范内容需要经实践检验时可先采取下位立法层次的形式。

三、纳入单位立法规划立项

主管业务部门在汇集并初步审核确定法规编写项目的基础上，应向单位立法主管部门报备是否纳入单位立法规划编写立项。上报的法规编写项目内容，通常要包括：法规草案名称、在业务系统中的层次位置、编修与新编、草案稿目前状态、草案稿编写计划进度、上报单位审定时间、计划以何种位阶层次发布、草案稿编写（修）发布形式等。

立法主管部门对主管业务部门报备拟纳入单位立法规划的法规编写立项，要根据规划年限和项目内容编写进度审定规划立项。符合规划年限范围要求并在年限内确保能够完成法规内容编写进度的项目，均可纳入单位立法规划。无法满足规划年限范围要求和由于条件限制在规划时限内难以完成编写内容的法规项目，不予纳入单位立法规划。

四、列入年度立法计划项目

主管业务部门对纳入单位立法规划的法规编写项目，应根据其编写的完成进度和内容的成熟程度，按照规划年限分别将其列入相应的年度立法计划。能列入下一年度立法计划的法规编写项目，通常必须完成征求意见稿，并应确定：法规草案名称、立法依据、发布机关、起草部门、承办人电话、适用范围和主要内容、档次与发布时间等准确要素。

单位立法主管部门对主管业务部门报备拟纳入单位年度立法计划的法规编写项目，应根据前期介入审查的情况和草案稿内容成熟程度审定计划立项。计划年度内能够完成编写和立法审查的项目，均可纳入单位年度立法计划。列入单位年度立法计划的项目应确保当年能够呈报，因条件受限难以通过审查的项目，可不予纳入单位年度立法计划。

第二节 法规草案初稿成稿

法规草案初稿成稿，即指新编写的法规草案已经完成初稿编写或旧法规完成编修修改稿。纳入法规编写立项的法规，其草案稿是立法编写审查的基础材料。主管业务部门在组织法规草案初稿编写过程中，重点审查法规草案初稿编写方案，审定编写人员提出的修改建议，审研并指导编写机构处置编写内容，掌控法规草案编写初稿成稿的进度。

一、审查法规草案初稿编写方案

主管业务部门在布置法规草案编写任务后，应根据编写组前期工作进展情况和编写任务目标，适时审查法规草案编写方案。审查法规草案编写方案，通常根据编写新法规草案、编修旧法规草案、编写综合性法规草案、编写系列法规草案这四种基本编写方式，进行针对性审查。

（一）审查新法规草案的编写方案，重点审查新法规草案的专业依据、在专业系统中的位置和基本概念定义，审研编写调研提纲确定的调研范围、对象和内容，审核初步确定的草案名称和编写技术形式结构，审定明确的专业编写原则与需要建立和制定的主要专业规范制度。对于通过审查的新法规草案编写方案，编写人员应按审查意见编写草案初稿。

（二）审查旧法规草案的编修方案，重点审查旧法规草案的专业立法依据和在专业法规系统中位置的变动，审研需要调整增加的调研范围、对象和内容，审核原法规草案名称、专业技术概念和形式结构是否适用，审定专业编修原则和拟具体调整的主要专业规范制度。对于通过审查的旧法规草案编写方案，原发布等级无变化的即可编写草案征求意见稿。

（三）审查综合性法规草案的编写方案，重点审查涉及的专业适用范围和调整对象与规范事项的完整性，审研需要协调的相关调研范围、对象和事项，审核法规草案名称内涵和专业概念定义的准确范畴，审定综合性法规草案编写原则和需要协调建设和制定的专业规范制度。对于通过审查的综合性法规草案编写方案，编写人员应按审查意见编写草案初稿。

（四）审查系列法规草案的编写方案，重点审查拟定的专业系列体系和调整层次（对象），审研调整层次（对象）范畴和调研范围、对象与事项，审核专业系列法规草案名称和各法规概念定义的内涵，审定专业系列法规草案共性原则、管理制度和专业标准规范。对于通过审查的专业系列法规草案编写方案，编写人员应按审查意见编写草案初稿。

二、审定编写人员提出的修改建议

法规草案编写人员在按审查意见编写草案稿的过程中，可能发现新问题并提出相应的修改建议。主管业务部门对编写人员提出的编写修改建议，通常按照审查通过的法规草案编写方案，授权编写人员直接修改专业技术问题，组织业务部门协调审定专业业务问题，初步审定在专业系统范围内需要协调的有关问题和涉及专业系统外的相关问题。对于超出编写方案或涉及权限及牵连范围等重大问题，应另行专题研究解决。

（一）授权编写人员直接修改专业技术问题，是指审查通过的法规草案编写方案已明确并有准确依据的问题，通常包括法规草案名称要素、整体框架层次结构、专业技术术语、词句和标点符号等的技术性修正。编写人员在随编随改做好详细记录的基础上应归纳编写说明，并在编写阶段工作汇报中及时报告并征得主管业务部门的同意。

（二）组织业务部门协调审定专业业务问题，是指属于主管业务部门业务范围内因编写内容产生的专业之间需要重新协调的问题，通常包括专业业务内涵之间的逻辑关系与影响、配套措施、细化规范和标准调整等相互间协调统一的问题。编写人员遇到主管业务部门权限范围内的专业问题时应提出建议，由主管业务部门组织协调并审定有关建议。

（三）初步审定在专业系统范围内需要协调的有关问题，是指因编写内容产生的专业系统范围内需要进行协调的问题，通常包括专业系统内专业依据、调整范围、概念定义、制度措施、行为规范和量化标准等平衡合理的问题。编写人员对在专业系统范围内的专业技术问题应列项提出建议，由主管业务部门组织在专业系统范围内协调并审定。

（四）初步审定涉及专业系统外需要协调的相关问题，是指超出本专业系统范围需要与其他专业进行协调的相关问题，通常包括在专业调整范围界限、共性制度规范、通用概念定义、专用词语内涵等方面与其他专业存在差异的问题。编写人员在选择正确内容的同时应将有争议的问题列项提出建议，由主管业务部门审定需要对外进行协调的内容。

三、审研并指导编写机构处置编写内容

法规草案编写人员在编写草案稿过程中，可能遇到超出编写方案和审查意见的问题。编写机构和人员应针对问题先研究处置意见，然后向主管业务部门汇报。主管业务部门通常按照横向业务范围、纵向层次规范和主线与相关、特性与共性的合理处置审研并指导编写工作。

（一）横向业务范围的合理处置，主要是指法规草案适用范围横向业务内容具体界限问题的准确确定。通常可能出现上大（宽）下小（窄）或上小（窄）下大（宽）两种情况，即草案名称概念宽而规范内容范围窄或草案名称概念窄而规范内容范围宽。经审研可通过调整草案名称或调整规范范围的处置，保持草案内容上下横向业务范围的

一致性。

（二）纵向层次规范的合理处置，主要是指法规草案规范业务内容纵向层次内涵划定问题的准确确定。通常可能遇到应由上层次法规规范或越组代庖下层次法规规范内容等问题，即属于越权规范超出本级规范范围的内容或扩大本应由下级规范的内容。经审研可通过原则引向上位法或具体指向下位法的处置，确保规范内容纵向业务层次的合理性。

（三）主线与相关的合理处置，主要是指法规草案规范事项主体内容与相关事项内容之间主次的确定。通常可能碰到主体内容与相关事项内容交叉共存或相关事项已有专项法律依据的情形，即如何掌握并处置主线与相关内容之间关系的问题。经审研可通过贯彻以主体内容为主线的原则并指向相关专项法律依据，始终保持主线与相关内容关系处置合理。

（四）特性与共性的合理处置，主要是指法规草案调整对象行为特点与共性通用行为间问题的原则区分。通常可能出现业务特性内容和通用共性内容须按不同原则区分表述的问题，即如何突出业务特性内容并保持通用共性内容的一致性。经审研应确保法规草案业务特性内容的特色明显而通用共性内容无异，合理处置业务特性与通用共性内容。

四、掌控法规草案编写初稿成稿的进度

主管业务部门在审查（定、研）法规草案初稿编写内容的同时，应随时掌控法规草案编写初稿成稿的进度。通常采取倒计时方式设置法规草案编写节点，按照编写组拟定编写方案、编写人员完成编写调研、草案框架成形内容确定、法规草案初稿成稿这四阶段监控编写进度。

（一）编写组拟定编写方案阶段，即从编写机构受领编写任务至初步拟定编写方案。此阶段以督促编写机构报审编写方案为节点，

在听取和审查编写方案过程中了解基本情况并判断编写节点程序及进度。通常新编和综合性、系列法规草案必须经过编写调研及草案框架成形阶段；对于编修旧法规草案，可视情简化编写调研及草案框架成形阶段。

（二）编写人员完成编写调研阶段，即从主管业务部门出具编写方案审查意见至编写机构完成编写调研。此阶段以编写机构汇报编写调研情况为节点，重点研究和审定调研新问题的解决措施并掌控完成下一阶段的时间节点。通常，对于新编写的法规草案应全面深入进行编写调研，编修旧法规草案要注重调研中新问题的处置，确保按时间节点完成调研。

（三）草案框架成形内容确定阶段，即从编写机构完成编写调研至草案初稿框架成形内容确定。此阶段以编写机构汇报草案编写框架和基本内容为节点，重点研究和审定草案编写整体框架并确定法规草案初稿成稿的时间。通常新编写的法规草案应以整体框架成形为标准；编修旧法规草案应以草案框架调整变化为重点，并可在此阶段完成修改稿。

（四）法规草案初稿成稿阶段，即从草案框架成形内容确定后至法规草案初（修改）稿成稿。此阶段以编写机构完成草案初稿编写并正式向主管业务部门提交法规草案初（修改）稿为节点。法规草案初稿成稿是法规编写工作的最初成果，也是法规草案具备进行专业和立法审查条件的基础，主管业务部门要指导编写机构按时间节点完成初稿成稿。

第三节　立法审查早期介入

立法审查的早期介入，是指自法规草案纳入法规编写立项至法规草案初稿成稿后，立法主管部门即以不同方式介入法规草案的初审。立法主管部门早期介入法规草案编写的初审属于预审性质，即在审查法规规划立项的基础上初步了解并进行技术性指导工作。预审目的主要是从立法专业角度统一编写规范，避免草案稿大量技术性返工。立法主管部门早期介入包括：集中培训编写机构及其人员，专项指导编写人员初稿编写，参与草案初稿编写节点审研，介入初稿成稿预审并出具审查意见。

一、集中培训编写机构及其人员

立法主管部门在单位立法规划审定后，即可适时安排处于初稿成稿期间的编写机构及其人员的集中培训。编写单位和编写机构亦可根据拟编写法规规划项目属于新编写、编修旧法、综合性或系列性等法规的具体情况，专项组织集中培训有关编写人员。集中培训通常由立法专业人员进行立法技术基础授课，参训人员结合编写任务掌握编写技能。

立法主管部门及其专业人员在授课培训过程中，应以通用立法技术基础知识为主并结合编写人员编写任务的具体情况，针对新编写、编修旧法、综合性或系列性等法规的特点进行指导。立法专业人员在安排培训过程中，还应研究拟立法项目的适用范围并了解熟悉专业内容特点，掌握其法规系统和立法项目现状，为进行初稿成稿的初审做准备。

二、专项指导编写人员初稿编写

编写机构及其编写人员在初稿编写过程中遇到任何与立法技术有关的问题，均可直接咨询立法专业人员。通常编写机构及其编写人员可能分为已有编写法规草案经历和从未参与过法规草案编写及相关培训两种状况。前一种人员往往需要重温法规草案编写基础技术知识并提高编写水平，而后一类人员则重点在于熟悉法规草案编写技术基础知识。

立法主管部门及其专业人员在专项指导初稿编写过程中，通常通过详细了解编写初稿遇到的具体问题，解答涉及的立法技术基础知识疑问，掌握法规的编写宗旨和编写机构拟定的编写方案，并通过重点了解编写初稿的背景情况和编写人员素质状况，进一步判断编写初稿立项计划的准确性和初稿编写的难易程度，适时加大针对性指导的力度。

三、参与草案初稿编写节点审研

主管业务部门组织法规草案编写，在编写过程中的拟定编写方案、编写组人员完成编写调研和草案框架成形内容确定等编写阶段节点，均可视初稿编写情况邀请立法主管部门参与审研。主管业务部门邀请立法主管部门参与编写节点审研，可提前发现草案编写初稿中存在的立法技术问题，并指导编写机构及其编写人员调整并掌握编写要点。

立法主管部门及其专业人员应邀参与草案初稿编写节点审研，要根据编写方案、编写调研、草案框架成形内容确定等编写阶段的具体情况进行针对性指导。拟定编写方案阶段重点审研衔接立法依据和选择编写方式，编写调研阶段重点审研草案适用范围的合理确定，草案框架成形内容确定阶段重点审研框架逻辑关系和规范内容内涵关系。

四、介入初稿成稿预审并出具审查意见

法规草案初稿成稿审查属于主管业务部门的专业业务审查，同时可在专业系统内部组织征求专业系统范围的意见。主管业务部门亦可在部门审查会时直接邀请立法主管部门派人参与审研，或在拟征求专业系统范围意见之前先送立法主管部门咨询。主管业务部门在初稿成稿阶段邀请立法主管部门介入审查，可确保初稿成稿编写质量。

立法主管部门及其专业人员应邀参与草案初稿成稿的专业审查,属于早期介入的审研活动,相当于立法综合审查的预(初)审。早期介入草案初稿成稿的立法审查,主要是通过了解法规背景和草案初稿编写情况,提前熟悉草案专业特点,通过出具初审意见可及时处理编写基础技术问题,掌握草案初稿质量的同时预判立法送审稿终审的进度。

第四节　草案编写形式规范

法规草案编写形式规范,是指从编写法规草案初稿开始,主管业务部门和编写机构及其编写人员均应重视法规草案编写形式,按照起草法规草案的技术规范要求统一掌握编写技术和审查标准。法规草案编写形式规范通常包括:编写人员正确掌握编写草案基础格式、编写机构统一编写形式、主管业务部门遵循专业规范、立法主管部门指导技术规范。

一、编写人员正确掌握编写草案基础格式

编写人员应正确掌握编写草案基础格式,从编写初稿起即打好基础。通常编写人员均应参加法规草案编写的专项培训,准确掌握法规草案基础格式规范,正确编写草案名称、章节框架目录和法条内容。未参加专项培训的,也要参照现行成文法规文本形式自学,了解并熟练掌握草案编写格式要点,编写过程中按照格式要求严格遵守编写规范。编写人员分工编写草案不同局部内容亦应保持草案基础格式整体一致。

二、编写机构统一编写形式

编写机构统一编写形式,主要是根据编写任务及项目的具体要

求，区分单项、综合或系列法规草案的编写特点统一编写形式。对于单项法规草案的编写形式，主要是掌握整体章节结构形式的一致性。编写综合性法规草案时，编写机构应在章节结构形式一致性的基础上，协调相关专业系统保持内容形式的统一。编写机构在组织编写系列法规草案时，要统一各法规草案整体框架结构及共性内容的编写形式。

三、主管业务部门遵循专业规范

主管业务部门遵循专业规范，确保法规草案中的专业技术术语表述正确。专业规范可能包括主管业务部门专业规范、有关专业规范和通用业务规范。主管业务部门在审研草案稿时要注意严格遵循相关业务规范。通常主管业务部门专业规范以专业系统的规范术语为准，有关专业规范按相关专业系统明确的业务术语编写，通用业务规范直接采用公认的术语表述。调整和增补的专业规范术语必须明确定义并符合实际。

四、立法主管部门指导技术规范

立法主管部门指导技术规范，主要是通过参与审查过程使草案稿编写规范形式更趋符合立法技术要求。法规草案稿编写规范形式首先是法规基础格式，包括草案框架形式、草案名称及章节名称、草案章节层次设置、草案总则分则附则三部分及其关系、草案法条格式和内容文字及标点符号等技术要求。法规草案稿编写形式是否规范，能否纳入立法审查的基本条件，可参阅《法规草案编写技术参考规范》[1]一书对照检查。

---

〔1〕　参见林东编著：《法规草案编写技术参考规范》，法律出版社 2017 年版。

第五节　草案内容基本成熟

法规草案申请立项、编写成稿和协调审查的过程既是法定程序，也是法规草案内容逐步趋于成熟的过程。法规草案基本成熟的标志是：专业业务系统内部协调一致，草案规范范围无颠覆性意见，草案涉法内容内涵逻辑严密，草案立项编写审核协调法定程序完整。

一、专业业务系统内部协调一致

法规草案基本成熟的首要标志，就是专业业务系统内部必须协调一致。专业业务系统内部协调一致，包括主管业务部门、业务系统执行单位和专业业务系统相关部门均须协调一致。主管业务部门内部相关专业应保持建章立制一致，业务系统执行单位要掌握法规规范实施的一致性。专业业务系统相关部门既包括单位内横向相关部门，也包括单位外纵向专业业务系统部门，在专业共性规范行为上均应协调一致。

二、草案规范范围无颠覆性意见

法规草案规范范围涉及的事务，均应符合相应主客体的实际情况，不得有任何相悖的颠覆性状况。符合规范范围事务的实际情况，通常是指主客体的称谓、定义内涵和专业共性标准等均不得有歧义。不得有相悖的颠覆性状况包括：不得与宪法、上位法相悖，不得与法定通用、共性规范行为相悖。法规草案稿在征求意见和专业审核过程中，还须注意不得遗留涉及未经专业业务系统认可或发布机关权限范围方面的问题。

三、草案涉法内容内涵逻辑严密

法规草案涉法内容内涵逻辑严密，是草案稿内容成熟的重要标志之一。涉法内容主要是指主体对象、适用范围、权限、法理和法言法语等，要做到对象明确、适用准确、权限合法、符合法理且法言法语无误。草案内涵逻辑严密，主要包括草案名称与规范内涵相符，整体框架层次上下包容，规范事项程（时）序前后衔接合理紧密，法条规范事务和行为确实存在并合法可行，草案中的共性规范表述与相关法规保持一致。

四、草案立项编写审核协调法定程序完整

法规草案是否按照法定程序编写起草，是草案稿能否纳入立法审查的基础要件，即立法程序合法。法规草案立项通常为规划立项，紧急情况可补充立项；草案形成成文初稿是落实规划立项实物，确保可纳入年度计划；草案初稿经由立法主管部门介入初审可保证编写质量；草案稿编写规范并协调一致，为立法审查铺平道路避免返工。按本章所述的规范程序形成的草案稿，即具备了进入立法审查程序的基本条件。

第二章　法规立法审查基本原则

法规草案初稿在具备立法审查基本条件的基础上，在继续编写修改的同时即开始进入立法审查状态。通常参与法规审查的单位和人员，包括法规主管业务部门及其专业系统、法规呈报单位及其有关部门、草案内涵涉及的其他相关业务部门、与法规内容直接有关的执行人员、法规发布机关及其有关部门的领导。所有参与法规审查的单位、部门和人员在审查过程中，均应注意贯彻法规立法审查的基本原则：重视编写技术规范基础审查、强调立法主管部门法制专业审查、加强规范内涵准确性审查、严格规范内容一致性审查、坚持按审查规程严密审查。

第一节　重视编写技术规范基础审查

法规草案初稿成稿后至发布机关立法主管部门立法审查前的阶段，通常经历数月至数年的编审周期，完全有时间也有可能彻底解决编写技术规范问题，尽可能不出现编写规范技术性或基础性的低级瑕疵。所有参与编写审查的单位、部门和人员要有重视编写技术规范的意识，基本掌握编写技术基础规范，勇于对编写技术规范的基础问题提出疑问，确保参与编审的单位和人员始终在统一正确的平台上编审法规草案。

一、主管业务部门及系统在业务通审中严把技术规范审查关

主管业务部门在法规编写机构（人员）提交草案初稿后，首先应担负草案初稿规范事务全面审查的责任。尤其是专业主管人员（以下简称主管人员）在通审初稿时，必须完整掌握编写技术规范并严把技术规范审查关。主管业务部门及业务系统所有参与立法审查的人员，在参审中有义不容辞地监督业务主管人员审查编写技术规范的责任。主管业务部门应确保通过本部门专题审查会议后的法规草案初稿，确实能成为编写技术规范基本无瑕疵的草案稿。

二、立法主管部门重点审查编写技术基础规范

立法主管部门参与立法审查，自始至终都要重点审查法规草案贯彻执行编写技术基础规范的情况。早期介入初稿审查时首先应重点通审草案编写技术规范，审查编写人员掌握编写技术基础规范的状况。在草案征求意见稿至专项会审稿阶段，立法主管部门要注意查验初稿审查阶段提出的编写技术基础规范修改意见的落实情况。发布机关的立法主管部门在送审稿终审阶段，必须逐条精审全文并审核法规整体的技术规范。

三、相关业务部门及人员应监督审查编写技术基础规范

参审的相关业务部门及人员在主要审查与本部门主管业务有关的内容外，要同时监督法规主管业务部门起草人员掌握编写技术基础规范的状况。参审人员可对发现的与编写技术基础规范不一致的所有问题提出疑问，尤其是与以往相同内容编写形式的同类法规对比。对虽不属于本部门审查的范围，凡看不懂或有异议的内容均可提出疑问。尤其是通用或共性规范内容，对不符合常识或与常规表述不同的内容均可提出审改意见。

四、有关各级领导在审签过程中审核编写技术规范落实

参审的各级领导在立法审批传签过程中，要关注草案编写说明中有关编写技术规范方面的说明，了解法规编写技术规范落实情况。主管业务部门和呈报单位的领导重点监督审查规程执行情况，审核涉及立法主管部门介入审查后有关编写技术规范审查意见的解决措施。发布机关有关领导尤其是负责领导，要注意指导秘书人员监控呈报的法规文书编写技术规范，遇到不规范、有疑问的呈报件应及时协调有关部门处理。

第二节　强调立法主管部门法制专业审查

立法主管部门在审查法规立法规划项目时，即开始法制专业的立法审查。强调立法主管部门的法制专业立法审查是承办一般业务行政公文与立法法规文书之间的根本区别，针对的就是法规文书立法专业技术涉法内容要求合法、统一、规范和法理逻辑严谨等法制特性。立法主管部门的法制专业审查，主要包括立项法规立法依据审查、法规草案标题立法审查、法规规范内涵法理关系审查和法规编写技术基础规范审查。

一、立项法规立法依据审查

任一立项法规作为法律制度法制体系法网中的组成部分，均应遵循依法立法的基本原则。立法主管部门从法规立项开始首先必须审查法规的立法依据，明确立项审查对象在规范领域法制体系中的准确位置。立法依据的确定关系立项法规在法网中的位阶和发布层次，进而影响该法规草案的法律名称和相应的发布级别与编写原则。立法主管部门在法规立项审查中重点审查立法依据，并要求在总则第一条中明确。

二、法规草案标题立法审查

法规草案标题的立法审查是立法法规文书标题严格区别于业务行政公文标题的关键审查,法规草案标题必须体现简洁明确和要素完整准确的法制要求。立法主管部门应按照法规草案标题三要素首先审查法规的适用范围,进而审核标题中表述的规范事项并审定选择使用的法律名称。法规草案标题中的适用范围决定法规的位阶和发布机关,标题中的规范事项限定法规草案正文调整范围,标题中的法律名称要对应草案内涵。

三、法规规范内涵法理关系审查

立法主管部门按照法制专业审查要求对法规草案进行规范内涵法理关系审查,首先要从法规草案整体框架审查其总则、分则和附则部分的完整性。然后审核确定法规规范对象的主客体法律关系和规范事项的法律责任,审查规范内涵的法理逻辑是否符合事务现实状态和管理发展趋势。审核规范主体对象的责任和制度措施及行为规范是否合法可行,审查规范事务与对象的法律称谓和相关事务及共性规范的一致性。

四、法规编写技术基础规范审查

立法主管部门根据法制正规化建设要求进行的法规编写技术基础规范审查,是由国家法律文书编写与发布的技术规范决定的。立法主管部门通过立法专业培训,指导主管业务部门和编写机构及人员掌握并按照法规编写技术规范起草与呈报法规。然后通过参与草案审查和征求意见活动及终审送审稿,有针对性地审核各阶段法规草案稿执行法规编写技术规范的情况。出具的立法审查意见均必须包括法规编写技术规范意见。

第三节 加强规范内涵准确性审查

法规草案立法审查最关键的是要加强规范内涵准确性审查,确实做到符合实际、实事求是。所有参与法规审查的单位、部门和人员均有责无旁贷的审查责任,要确保法规规范内容内涵的准确性。尤其要重点加强规范对象和事务真实存在、规范时空适用范围正确、调整对象职责权限清晰、管理制度和行为准则无争议等方面的审查,经过审查的法规草案不得存在规范事物真实性、基本概念或逻辑关系方面的低级失误。

一、规范对象和事务真实存在审查

参与立法审查的人员均应首先审核规范对象和事务的真实性,并根据掌握的实际情况核实其称谓与现状。专业主管业务部门及其专业系统要加强对草案编写初稿规范对象和事务真实性的审查,确保草案基础内容无误。草案内涵涉及的其他相关业务部门,在重点审查密切相关内容的同时也应审核规范对象和事务表述的正误。立法主管部门要重点审核规范对象的全(简)称,核实规范对象与事务之间真实的逻辑关系。

二、规范时空适用范围正确审查

立法审查在规范对象和事务真实性审查基础上,还应注意法规规范时空适用范围的准确性审查。法规主管业务部门及其专业系统在组织编写草案初稿阶段,就要特别注意摆正初稿在法规体系中的时空位置。草案内涵涉及的其他相关业务部门,在理顺审查对象与本专业法律关系的同时注意审核其适用范围的准确性。立法主管部门要注意围绕与审查对象有关的各方面资料,综合核实其规范时空适用范围。

三、调整对象职责权限清晰审查

立法审查草案规范调整对象职责权限的准确性,也是法规基础内涵审查的重点。主管业务部门及其专业系统在组织草案征求意见和专业业务会审中,应当注意调整对象职责权限规范区分是否清晰。其他相关部门也应对调整对象职责权限,职责是否交叉不清和是否有越权嫌疑进行必要审查。尤其是在主管部门与相关部门、上下级(位)、管理者与执行者及操作前后者之间,必须逐一区分相互之间清晰的职责权限。

四、管理制度和行为准则无争议审查

立法审查规范内涵的准确性,要特别注意管理制度和行为准则无争议的审查。参与执行法规管理制度和操作行为的单位及其人员,均应严格草案规范的管理制度和行为准则的无争议审查。凡发现表述的管理制度与实际情况不完全相符或行为准则与立法宗旨相悖的,均应及时反映或提出疑问。主管业务部门及其专业系统对有争议的内容必须合理处置,确保审查期间无颠覆性争议是法规草案成熟程度的关键指标。

第四节　严格规范内容一致性审查

法规立法审查是在法规草案初稿编写修改过程中同步进行的,坚持贯彻法律制度统一即是共同的原则。立法审查中严格规范内容一致性审查,就是要审查规范的同一对象称谓一致、同一行为规范一致、通用行为表述一致、共性规范内容一致。所有参与法规草案审查的单位、部门和人员,均可根据掌握的常识就发现的内容一致性问题提出疑问。

一、同一对象称谓一致性审查

法规草案同一对象称谓一致性审查,是指审查调整的同一主体或事物的称谓是否保持一致。应当首先确定同一对象称谓与相应权威专业词典对应术语的一致性,然后审核本草案内部同一主体或事物称谓保持一致的情况,并审查其与专业业务法规系统内部资料是否也保持一致,在此基础上审查其与其他相关法规文书之间是否均保持一致。审查同一对象的称谓包括其使用的全(简)称,通常应与主管业务部门表述一致。

二、同一行为规范一致性审查

法规草案同一行为规范一致性审查,是指审查的同一行为或准则规范是否保持一致。应当首先确定同一行为或准则在本草案内部规范的一致性,不仅表现在文字表述上而且在内涵上应绝对保持一致。然后审查其在专业业务法规系统内部有关规范上是否也保持一致,在此基础上审查其与其他相关法规文书之间是否均保持一致。审查的同一行为或准则通常在法律体系中被公认为唯一规范,适(引)用时均应保持一致。

三、通用行为表述一致性审查

法规草案通用行为表述一致性审查,是指审查适用于草案任一规范对象的通用行为或准则是否表述一致。应当首先明确该行为或准则的通用性质,注意审查其在草案中表述的一致性。通常通用行为多在综合性法规中反复出现,适用于不同规范对象的通用行为表述注意保持一致。通用行为在法律体系中具有天然一致性法理特征,通用行为表述审查一致性要求不仅是立法审查原则之一,也是避免低级失误的有效措施。

四、共性规范内容一致性审查

法规草案共性规范内容一致性审查，是指审查多方主体对某一特定事物采取的共性规范是否一致。应当首先判断该规范内容是否属于适用于多方主体的共性规范，审查不同主体对此规范内容适用的一致性。通常共性规范内容多见于系列法规，共性规范属于统稿时的重点审查内容。审查共性规范虽然仅针对局部某一特定事物，但对尊重多方主体的法律规范是最公平公正的体现，并确保法规内涵逻辑严密经得起推敲。

第五节　坚持按审查规程严密审查

法规立法审查办理与一般行政公文承办最重要的区别是，从草案初稿起就必须有专门的法规草案稿编写（起草）说明。草案稿编写（起草）说明应全程反映法规立法审查规程过程，简要介绍审查规程各阶段主要问题的审查情况。可以说坚持按审查规程严密审查是法规立法审查的基本原则，参与立法审查的部门和人员必须做到：主管业务部门严格执行审查规程、立法主管部门严格执行法制专业审查规程、相关部门人员严密配合审查规程、有关领导严格监控审查规程实施。

一、主管业务部门严格执行审查规程

主管业务部门从法规上报立项列入立法规划即进入立法审查规程。主管业务部门执行立法审查规程的主线是：办理法规立项列入立法规划—立法主管部门早期介入审查—组织初稿征求意见—业务系统安排专业会审—法规草案列入年度立法计划—立法主管部门组织立法审查—法规草案送审稿呈报发布机关审议—审议通过逐级审签发布后校审及印发。主管业务部门必须按照审查规程主线严格执行立法审查规程。

二、立法主管部门严格执行法制专业审查规程

立法主管部门自主管业务部门呈报法规立项列入立法规划，即开始严格执行法制专业审查规程。立法主管部门的立法审查工作主线是：了解研究法规草案立项可行性—早期介入草案初稿审查（初审）—参与初稿征求意见和会审活动（二审）—组织立法综合审查（三审）—出具立法审查意见并安排送审稿呈报发布机关审议—掌控发布机关负责领导签署发布进程—协助主管业务部门处理审签校印问题—负责备案审查。

三、相关部门人员严密配合审查规程

法规草案内容涉及的相关部门及人员，应当严密配合法规主管业务部门执行立法审查规程。配合审查规程的主线是：组织通读征求意见草案初稿并出具审查意见—参加专业系统会审活动参与审定会审意见（纪要）—参加立法主管部门组织的立法综合审查征求意见活动精读法规草案并出具盖章意见—参加发布机关审议会议审议送审稿并如实反映情况。参与法规草案审查的相关部门人员应是负责相关业务的主管人员。

四、有关领导严格监控审查规程实施

法规立法审查规程要求参与审查工作的各级领导均要有监督审查规程实施的意识，在审查规程不同阶段做到：主管业务部门领导根据法规编写需要，指导专业主管人员安排法规编写机构组织立法专业技术培训，监督草案初稿送立法主管部门初审；呈报单位的有关领导注意监控法规草案编写（起草）说明中有关审查规程执行情况；发布机关领导尤其是签署发布负责领导，重点掌控立法主管部门的立法综合审查意见。

第三章　法规立法审查形式程序

法规草案从形成草案初稿成稿起，到正式呈报的报批稿止，在不断编写修改的进程中即分阶段进入立法审查程序。法规草案立法审查形式程序，包括主管业务部门审查阶段、呈报单位审查阶段、立法主管部门审查阶段和发布机关审查阶段。法规草案稿的立法审查形式程序，通常按照主管业务部门专业审查、呈报单位法规草案编写审查、立法主管部门综合审查、发布机关立法审议的逐级审查形式和程序进行。

第一节　主管业务部门专业审查

主管业务部门对法规草案业务的审查属于草案内容的基础性审查，法规草案规范事务必须首先在专业业务系统内获得通过，才能被正式纳入法规立法审查范畴。主管业务部门对主管业务范畴内事务的法规草案初稿进行业务审查，主要按照业务主管人员通审、主管业务部门内部研审、相关业务机构评审和专业业务系统会审的逐级审查的形式和程序进行。

一、业务主管人员通审

法规草案编写初稿的业务审查，首先是草案规范事务业务主管人员的审查。业务主管人员通常既是按职责分管草案规范事务的责任人员，也是草案规范事务制度建设的负责人员之一，更是主管业务部门（机构）派遣参与法规草案编写起草工作的代表。业务主管人员往往以三种方式介入法规草案初稿的审查工作：一是指导专职编写机构起草草案，二是受命直接参与编写草案，三是受理审查提交的草案初稿。

业务主管人员无论以何种方式介入法规草案的编写活动，均代表主管业务部门（机构）负责草案编写初稿的业务通审。业务主管人员指导专职编写机构起草草案时，要在业务指导基础上对草案编写初稿进行业务通审。业务主管人员受命直接参与编写草案期间，要跟踪草案初稿成稿编写全程进行业务通审。业务主管人员受理提交的草案初稿后，均须按照本书第四章第一节的全程序要求对草案编写初稿进行业务通审。

二、主管业务部门内部研审

主管业务部门在业务主管人员通审法规草案初稿的基础上，为协调部门内部有关专业业务规范制度之间的一致性，须组织部门内其他业务（专业）主管人员进行业务研审。业务主管人员通常可选择三种方式组织法规草案初稿的业务研审工作：一是直接召集部门内相关专业人员研审草案初稿，二是向部门内专业机构（人员）分发草案初稿并回收汇集归纳初稿修改意见，三是分发草案初稿并组织部门专项业务研审会。

业务主管人员选择何种方式组织法规草案初稿的业务研审，主要通过区分草案初稿属性确定。属于专项或综合性法规草案的业务研审，可直接召集主管业务部门内相关专业人员进行；当难以直接召集齐全相关专业人员时，可采取分发草案初稿并回收汇集归纳初稿修改意见的方式进行业务研审；系列性法规草案初稿的业务研审宜组织部门专项业务研审会。法规草案初稿业务研审按照本书第四章第二节相应程序要求进行。

三、相关业务机构评审

主管业务部门在部门内部有关专业业务人员研审草案编写初稿的基础上，为协调草案初稿涉及相关专业业务具体内容概念的准确性，须组织其他相关业务系统（部门、机构）的主管人员进行专业评审。主管业务部门组织相关业务系统的评审，通常由专业业务主管处室向相关专业单位分发草案初稿并安排专项评审会。相关专业单位应按要求安排专人审读初稿核实相关内容内涵，并派主管人员到会参与评审工作。

主管业务部门安排草案初稿的相关业务专项评审，一是根据初稿中相关业务系统（部门、机构）在该规范事项方面的参与程度，分别评审其负责或介入相关事务的范围界限和承担的相应责任；二是对涉及的相关业务系统（部门、机构）的主客体对象进行评审，甄别主体对象称谓和权限及与相关客体的关系；三是重点了解相关专业业务概念和内涵的发展变化动态，核实草案初稿对相关专业业务内容表述的准确性。

四、专业业务系统会审

法规草案专业业务系统会审，是指在草案规范事务业务系统范围内的专业会审会。主管业务部门组织专业业务系统的会审，通常由专业业务主管处室向专业系统有关单位的业务部门分发草案初稿并安排专业会审会。专业系统有关单位专业业务部门，应在本单位（级）专业系统内复制分发草案初稿，组织有关人员审阅草案初稿专业业务内容后汇总单位审阅意见，并按时限要求派主管人员到会参与专业会审工作。

主管业务部门安排草案初稿的专业业务系统会审，一是主要根据专业业务系统在该规范事项方面的现行制度，审评草案初稿中新规范制度调整变化的合理性及对现行制度带来的影响；二是重点对专业业务系统（部门、机构）适用范围与调整对象的职责权限及业务实施程序进行确认，并审议专业业务制度具体规程的可操作性；三是研讨专业业务概念规范和内涵的发展变化趋势，推敲并统一专业业务技术量化标准。

第二节　呈报单位法规草案编写审查

主管业务部门在专业业务审查的基础上，即可考虑在法规呈报单位安排法规草案初稿编写审查。主管业务部门已列入呈报单位立法规划的法规草案，通常在呈报单位内部按照有关业务部门相关专业协调、单位立法主管部门法制专业基础审查、呈报单位行政会议审核和呈报单位向发布机关呈报草案送审稿的程序，组织法规草案编写初稿的审查事宜。

一、有关业务部门相关专业协调

主管业务部门在纵向专业业务审查的基础上，应根据法规草案内容涉及的相关业务范围，与横向有关业务部门进行相关业务协调。主管业务部门进行横向业务协调通常采取信函征求意见的方法，综合性法规草案涉及相关业务部门较多时，也可召集草案专项协调会。主管业务部门进行横向业务协调时，应将单位立法主管部门纳入其中，必要时可邀请法规发布机关的立法主管部门介入监审，掌握协调情况。

主管部门组织横向有关业务部门相关业务协调，主要解决法规草案中与有关业务部门主管专业交叉重叠的相关问题，与法规体系内容和内涵保持一致。有关业务部门在接到法规草案协调（会）函及草案稿后，均应安排承办人员审阅法规草案稿，并负责本部门内涉及专业的内部审核。承办人员应汇集协调意见报主管领导审批，最终形成回函后正式盖章回复，并根据涉及业务的重要性派主管人员带回函参加协调会。

二、单位立法主管部门法制专业基础审查

主管业务部门在进行专业审查和相关专业协调后,即可送单位立法主管部门进行法制专业审查。主管业务部门应将专业业务系统会审和有关部门横向协调处置材料送立法主管部门,包括编写说明、草案正文、有关单位意见的处置和专业业务系统会审评审结论等。单位立法部门的专业审查主要从呈报单位立法规划层次项目、与单位法规体系业务建设关系、草案立法依据适用调整对象和法规草案编写基础技术等方面进行审核。

单位立法部门专业审查属于呈报单位呈报法规草案的法制技术性基础审查,主要解决呈报的草案涉及的法制专业业务问题。首先应审查法规草案是否纳入单位立法规划,明确法规草案在法规体系哪个业务层次。其次要审查法规草案调整对象的立法依据,明确其属于业务系统的具体项目位置。最后根据法规草案编写基础的技术要求,从整体框架结构、草案名称到章节标题和法条内容及标点符号,逐字逐句地进行审查。

三、呈报单位行政会议审核

单位立法主管部门根据前期了解掌握的专业审查情况,即可商主管业务部门安排法规草案呈报单位行政会议审核事宜。单位立法主管部门为保障呈报法规草案的质量,确保法规草案能够顺利通过单位行政会议审核,通常可针对拟呈报的法规草案稿组织单位内部有关部门进行预审。然后根据预审情况指导主管业务部门修改草案稿,向秘书部门申请呈报单位行政会议审核事宜,并按要求于会前准备好上会的审核资料。

法规草案呈报单位行政会议的审核材料,包括草案正文及其编写说明、有关修改意见的处置、专业业务系统会审评审结论及单位立

法主管部门专业审查意见等。单位行政会议的审核程序，通常先由主管业务部门汇报编写说明，再由单位立法主管部门阐述审查意见，然后由单位行政会议参会人员进行审核。单位行政会议主要审核法规草案的立法必要性、权限范围、职责区分、专业关系、行为内涵和法律责任。

四、呈报单位向发布机关呈报草案送审稿

主管业务部门根据单位行政会议审核情况，在单位立法主管部门指导下办理法规草案呈报审查事宜。主管业务部门首先按照单位行政会议审核意见协调修改法规草案稿，同时协调单位立法主管部门通过业务渠道向发布机关立法主管部门通报草案稿情况，然后主管业务部门按照要求办理草案送审呈报报告。呈报单位向发布机关呈报草案送审稿，须单位主管业务部门、有关部门、单位主管领导和主要领导逐级签报。

呈报单位向发布机关呈报草案送审稿，逐级签报过程也是呈报单位对上报送审草案的最后一次审查。主管业务部门参与签报的人员，负责审签法规草案编写内容和专业业务制度。呈报单位有关部门包括相关业务部门和立法主管部门，负责审核与相关业务有关的内容。呈报单位主管领导，负责审核呈报法规的整体制度建设。呈报单位主要领导承担呈报责任，协调处理呈报件中的所有问题，综合审定法规草案送审稿。

第三节 立法主管部门综合审查

立法主管部门作为法制业务专业主管部门，担负法规草案编写全程的立法审查责任。立法主管部门的立法审查活动，包括法规呈报单位和发布机关两级立法主管部门的审查。法规呈报单位的立法

主管部门,重点负责法规草案初稿业务审查阶段和呈报单位审查期间的专业基础审查。发布机关立法主管部门除了参与并指导法规呈报单位立法主管部门的业务审查外,重点负责呈报单位送审稿的终审审查。立法主管部门通常按照了解熟悉法规草案全面资料、反复指导落实法规编写技术规范、重视法规征求意见掌控法规草案成熟程度、参与审查并出具立法审查意见的审查规程进行。

一、了解熟悉法规草案全面资料

立法主管部门介入法规草案审查活动,面对不同行业各专业领域法制制度,参审人员首先要逐步了解熟悉审查对象提供的资料。从法规主管业务部门呈报法规立项起,立法审查工作必须了解学习法规业务知识。属于编修旧法规的要以旧法规文本为基本学习资料,了解原法规规范对象的历史制度。属于首次编写法规新稿填补空白的,要重点了解主管部门建章立制的宗旨并尽可能详细咨询目前规范对象的具体状况。

法规呈报单位的立法主管部门首先要了解清楚法规标题与制度内涵是否清晰区分其立法层次和规范范围,尤其是在本单位业务系统和法规体系中的明确位置。法规发布机关的立法主管部门在指导和参与法规审查活动中,要重点了解清楚法规规范事务涉及的权限范围和选择的发布层次。法规呈报单位的立法主管部门和发布机关的立法主管部门,均要在法规审查规程中不断深入了解并熟悉审查对象的专业业务知识。

二、反复指导落实法规编写技术规范

立法主管部门在参与立法审查工作中,自始至终要坚持反复指导主管业务部门落实法规编写技术规范。法规呈报单位的立法主管部门注意指导主管业务部门明确一般公文与法规文书的区别,严格要求编写机构及编写人员按照《法规草案编写技术参考规范》[1]编写法规草案。法规发布机关的立法主管部门每次参与法规草案审查活动，均应注意宣教法规草案编写规范基础知识并对草案编写具体问题进行针对性技术指导。

立法主管部门指导主管业务部门按照法规编写技术规范编写法规草案，通常可根据法规草案编写难度和编写人员参与法规编写经历选择不同指导方式。涉及综合性与系列性的法规草案和首次参与编写法规草案人员较多的，可专门安排组织编写机构及人员集中培训统一指导掌握法规编写技术规范。法规发布机关的立法主管部门还可根据立法计划安排，定期组织有关的主管业务部门统一培训法规编写机构及其人员。

三、重视法规征求意见掌控法规草案成熟程度

立法主管部门在介入法规审查过程中要多次参与法规草案征求意见活动，包括法规编写初稿、征求意见稿、会审稿、送审稿等的立法征求意见活动。其中编写初稿、征求意见稿、会审稿的征求意见活动，通常由法规呈报单位的主管业务部门组织安排并收集处置。法规草案送审稿由法规发布机关的立法主管部门组织立法征求意见，在立法终审期间收集处置并经与主管业务部门沟通后最终形成立法终审审查意见。

立法主管部门在介入或参与法规主管业务部门组织的法规征求意见期间，要重视草案征求意见情况并根据反馈意见的处置逐步掌控法规草案成熟程度。法规呈报单位的立法主管部门重点掌控本单位有关部门的意见及其处置措施，确保法规制度在本单位内部保持一致。法规发布机关的立法主管部门要指导法规呈报单位正确处理好反馈意见，通过征求意见深入了解法规草案成熟现状并掌控法规

〔1〕 参见林东编著:《法规草案编写技术参考规范》,法律出版社 2017 年版。

草案逐步具备发布条件。

四、参与审查并出具立法审查意见

立法主管部门在法规草案审查期间介入和参与的审查活动，均应对审查对象出具立法审查意见。立法主管部门审查法规草案立项，审查通过列入呈报单位立法规划立项或未通过没列入立项均属于立项审查意见。早期介入主管业务部门组织的草案初稿、征求意见稿和会审稿审查活动时，立法主管部门针对相应的草案稿分别出具立法审查意见。立法主管部门的立法审查意见，应函告主管业务部门或安排专项沟通。

发布机关立法主管部门组织呈报单位送审的法规草案送审稿的立法征求意见活动，通常经汇集修改意见并研定处置意见后必须与主管业务部门进行深入沟通。立法主管部门与主管业务部门沟通研定后，立法主管部门出具该法规的立法发布终审意见并形成列入发布机关立法审议的立法呈报稿。发布机关立法主管部门出具的立法发布终审意见，将作为发布机关立法审议法规草案的审议材料之一供立法审议会审议。

第四节　发布机关立法审议

法规草案送审稿通过发布机关立法主管部门的立法审查后，即可申请发布机关立法审议。发布机关立法审议属于发布机关办公会议专项审议的议项，列入办公会议立法专项审议议项的法规草案即进入发布机关立法审议阶段。发布机关立法审议阶段，通常按照发放草案送审稿审议材料、审议人员会前研审草案送审稿审议材料、办公会立法审议草案送审稿材料和根据立法审议结论形成法规报批稿的程序办理。

一、发放草案送审稿审议材料

发布机关立法主管部门根据呈报单位主管业务部门呈报审议材料准备情况，适时向发布机关办公会议主管部门申请发布机关专项立法审议。发布机关立法主管部门在法规草案送审稿列入发布机关立法审议事项后，应按照发布机关办公会议主管部门要求，安排主管业务部门按照发布机关立法审议所需，准备发布机关立法审议所需足够的法规草案送审稿审议材料。发布机关立法主管部门负责呈报办公会议主管部门。

发布机关办公会议主管部门组织发放立法审议议项的法规草案送审稿审议材料，通常按照发布机关办公会议组织规则，于拟定的发布机关立法审议日一定时间前将附有告知通知的全套立法送审材料，送交参加发布机关办公会议及参与该法规专项立法审议的人员。发布机关办公会议主管部门在立法审议告知事项中，可注明呈报单位主管业务部门和立法主管部门的主办人员联系方式，便于审议人员会前咨询沟通。

二、审议人员会前研审草案送审稿审议材料

发布机关立法审议参审人员在收到立法审议议项的法规草案送审稿审议材料后，根据发布机关办公会议主管部门预定的该议项审议时间，选择会前适当时间安排研审法规草案送审稿审议材料。参加立法审议的参审人员会前研审法规草案送审稿审议材料，可协调有关单位的参审人员安排主管（有关）业务部门或立法主管部门的专题汇报会。参审人员也可组织本单位相关业务部门研审送审稿审议材料供参考。

发布机关立法审议人员通常为负责法规规范业务的主管领导、其他业务分管领导和法规签署发布领导，承担立法审议主要责任。立法审议人员负责研审法规草案送审稿审议材料，行使好立法审议权。其中业务主管领导重点研审法规草案规范专业内容（涵），必要

时可召集审议预备会议；其他业务分管领导主要研审与分管专业业务有关的内容；法规签署发布领导负责全面综合性研审立法审议议项的法规制度建设。

三、办公会立法审议草案送审稿材料

发布机关办公会立法审议法规草案送审稿审议材料，通常由法规签署发布领导主持审议。办公会议主管部门和立法主管部门安排立法审议议程，发布机关立法主管部门和呈报单位主管业务部门的领导及主办人员列席会议。发布机关办公会立法审议议程，通常先由呈报单位汇报法规草案送审稿编写说明，再由发布机关立法主管部门汇报法规草案送审稿立法审查意见，然后由立法审议人员针对送审稿审议材料进行审议。

发布机关办公会参与法规草案送审稿立法审议人员，首先围绕法规制度建设的内容进行审议。草案呈报单位主管业务部门和发布机关立法主管部门的参会人员，可根据立法审议人员审议中的提问回答相应问题。立法审议人员还可对法规草案研审内容涉及立法方面的相关问题进行讨论，由发布机关办公会议主管部门专人负责记录在案。最后由发布机关法规签署发布领导进行审议总结，确定立法议项是否通过审议。

四、根据立法审议结论形成法规报批稿

（一）发布机关办公会议审议立法议项的法规草案送审稿后，发布机关立法主管部门和呈报单位主管业务部门应专题研究落实立法审议结论。对于经审议通过的法规草案送审稿，发布机关立法主管部门即可根据立法审议结论，指导呈报单位主管业务部门将草案送审稿调整修改为法规报批稿后再逐级呈报。对于经审议未通过的法规草案送审稿，发布机关立法主管部门应指导呈报单位主管业务部门准备有关再审事宜。

（二）发布机关立法主管部门指导呈报单位主管业务部门调整修改形成法规报批稿的同时，还应形成针对性的法规报批稿编写说明材料，一并随法规报批稿按发布程序逐级呈报。呈报的法规报批稿通常区别于法规草案送审稿以前的形式格式，应与正式发布的法规文本形式格式保持一致。发布机关立法主管部门指导呈报单位主管业务部门调整修改形成法规报批稿后，即说明法规草案立法审查阶段程序基本结束。

（三）法规报批稿在逐级呈报签署转发过程中，如再出现审签领导标注的改动，有关部门在办理过程中发现后应及时通报主管业务部门，主管业务部门均应协商立法主管部门共同研究处置意见。属于主管业务范围的专业问题由主管业务部门研定并出面沟通汇报，属于法制统一规范范围的技术或法理问题由立法主管部门研定并出面协调汇报。涉及法规报批稿的所有问题在发布机关签署发布领导签署前均应正确解决。

第四章　法规主管业务部门审查

法规主管业务部门在主管的专业业务范畴内，担负法规草案的专业业务审查责任，结合草案初稿编写成稿过程，主管业务部门即进入法规草案专业业务审查阶段。主管业务部门的专业业务审查作为专业基础性审查，均由主管业务部门直接主管专业业务的主管人员、主管业务处室、部门领导和部务会议负责组织安排，通常按照专业业务主管人员审查、主管业务部门内部审查、主管业务部门领导审查、主管业务部门会议综合审查的程序进行，并处理好主管业务部门审查时需要注意的问题。

第一节　专业业务主管人员审查

主管业务部门负责法规规范专业业务的主管人员，承担专业业务的基础审查工作。专业业务的主管人员作为分管草案规范事务的责任人员，无论以何种方式介入草案编写活动，在了解编写经过并熟悉草案初稿全套材料的基础上，均应根据直接立法依据审核其在专业业务系统体系范围内的空间位置，分析其与专业系统相关业务的关系并初步审定其规划计划立项层次，通过通读草案初稿全文审查其在专业业务范围规范内容的准确性，出具专业业务主管通审意见并指导初稿调整修改方案。

一、专业业务系统定位审查

主管业务部门专业主管人员在审查草案初稿时，首先应根据草案直接立法依据审定其在专业业务系统体系范围内的空间位置。专业主管人员对法规草案初稿专业业务系统的定位审查，通常先从专业体系纵向系统和业务横向范围进行审核。确定纵向上肯定属于上位立法依据的下位规范事务，横向上必然也属于本层级专业业务范围内的规范内容。

专业主管人员根据上位立法依据，须审核草案规范内容与上位立法依据中的专业对象、内涵范围和上下位层级的关系，确认法规草案规范内容与上位立法依据内涵相吻合。法规草案的专业对象应对应上位立法依据限定的专业对象，草案规范内容的内涵范围与上位立法依据的纵向内涵范围保持一致，上位立法依据和下位法规草案的上下位层级关系明确。

二、立法规划计划立项层次审查

主管业务部门专业主管人员审阅草案初稿时，须对应已上报备案的立法规划计划审核其立项层次。法规草案在立法规划计划中的立项层次，直接关系其在业务系统中的专业位置。专业主管人员对法规草案立项层次进行审查，主要是核对其规范内容是否符合立法规划计划确定的立项层次，立项层次对应的发布机关是否有权制定草案内容的行为规范。

专业主管人员根据立法规划计划审核法规草案的立项层次，确认其在业务系统中的专业位置。首先应对照上位法内容，审阅草案规范内容确属直接下位法范围，并与立法规划计划确定的立项层次相一致。然后对应立项层次的发布机关权限，判断其是否完全有权制定发布草案内容范围的规范，最终审定法规草案与立法规划计划的立项层次是否吻合。

三、专业业务内容准确性审查

主管业务部门专业主管人员在通读草案初稿全文的基础上，主要须对草案规范的专业业务内容进行准确性审查。专业主管人员应当了解编写草案的目的，熟悉本业务系统在草案内容规范范围内的专业业务，掌握草案调整对象和适用范围的管理制度现状，清楚知道草案规范行为的历史经验和存在的问题，明确涉及草案专业业务规范内容的正确性。

专业主管人员审查草案专业业务内容的准确性，通常先从上位法专业业务制度建设宗旨的角度，审核下位法专业业务制度建设是否与其相符。规范的调整对象、专业事务、适用范围、制度措施、业务流程、专业术语、技术标准等，应符合本层次专业业务的实际状况。制定的业务管理专业要求能够实现，规则格式要与编写技术规范格式保持一致。

四、出具专业业务主管通审意见

主管业务部门专业主管人员在专业业务内容审查的基础上，应出具专业业务通审意见。专业主管人员通常与编写人员共同通读草案初稿，深入了解草案内容涉及的规范内涵，并形成专业业务通审意见，与编写人员分析对草案初稿的影响，商研指导法规草案的调整修改方案。专业主管人员的专业业务通审意见，应主要围绕法规草案的专业业务内容。

专业主管人员出具的专业业务通审意见，包括从草案名称涉及的专业范围和调整对象的所有业务技术行为及相关事务的专业称谓。尤其是专业业务调整对象的准确表述和规范制度的可行性，专业主管人员均应审核其是否与专业术语一致、制度措施是否切实可行。业务通审意见应针对问题提出编写修改方案，要基本做到在专业业务范畴内能自圆其说。

第二节　主管业务部门内部审查

法规草案初稿经过专业主管人员的专业通审和指导编写人员完成调整修改后，专业主管人员即可向所在业务主管处室汇报并申请主管业务部门内部进行相关专业审查。主管业务部门的内部审查，通常按照业务主管处室审研、部门内相关业务审核、协调其他相关专业咨询审核、部门内部征求意见的程序进行，由业务主管处室组织统一安排。

一、业务主管处室审研

主管业务部门业务主管处室在法规草案专业主管人员汇报初稿编写情况后，即开始全面审查草案初稿及其编写说明。业务主管处室在审研草案初稿过程中，通常按照处室主管领导、主要领导、相关专业主管人员和全处室人员的顺序通读初稿。由专业主管人员负责汇集处室内部意见，并与处室主管领导审研并指导编写人员调整修改草案初稿。

业务主管处室的主管领导、主要领导、相关专业主管人员和全处室人员通读初稿，应从主管专业业务的角度全面审研草案。主管领导重点审核草案编写初衷落实情况，主要领导全面审定草案在业务法规体系中的地位，相关专业的主管人员核实草案有关内容的准确性与影响，全处室人员根据对草案规范内容熟悉程度审视所有规范行为的具体表述。

二、安排部门内相关业务审核

业务主管处室在全面审查草案初稿过程中，应同时分析草案内容与部门内其他业务主管处室的业务关系。专业主管人员重点汇集草案内容中与部门内其他业务有关的内容，研究其产生的相互关系及其影响。针对具体内容,应与相关处室专业主管人员研究沟通。涉及范围较大或相关内容较多时,可考虑协调有关专业主管人员安排专项业务审核会。

业务主管处室组织部门内相关专业主管人员进行业务审核,由草案规范专业主管人员针对内容与相关专业主管人员研讨。草案稿涉及部门内相关专业业务的内容,应与相关专业的业务规范保持一致。相关专业主管人员在通读审核草案初稿过程中,应对与本专业业务有关的内容进行核实。相关业务处室对草案初稿影响本专业业务的内容要如实提出意见。

三、协调其他相关专业咨询审核

业务主管处室在安排草案初稿进行部门内相关专业业务审核的同时,还需要在涉及范围内进行其他相关专业的咨询审核。专业主管人员对草案初稿关联的其他业务部门规范、通用(共性)业务规范、法律专业规范等,应对照其法律规范进行审核或与相关专业主管人员进行咨询审核。确保草案稿涉及的关联业务内容与相关专业的业务规范保持一致。

专业主管人员协调其他相关专业主管人员的咨询审核,可根据涉及内容多寡,采取直接点对点电话咨询或专项召集关联性专业协调沟通会议的方式。当草案初稿内容难以回避相关专业规范时,通常应注意衔接表述或采取点到为止的方式。当关联的其他相关专业规范较陈旧时,应协商咨询选择不引起歧义的表述。确保部门内部征求意见和部门领导审查时基本无问题。

四、组织部门内部征求意见

业务主管处室因草案稿内容与部门内其他专业相关过多,为确保草案稿在部门内专业之间保持一致,可组织部门内部征求意见。专业主管人员按照草案稿内容涉及范围,可采取发放征求意见稿、限时回收意见的方式,或随征求意见稿附定时召集汇报会通知的方式组织征求意见。部门内相关业务主管处室承办人员负责本业务处室的征求意见工作。

主管部门内部组织征求意见,涉及的相关业务处室应安排专业主管人员先行审核草案征求意见稿,汇集与本业务处室有关的内容进行研究。相关业务处室针对本专业问题提出修改意见或派人参加汇报会,并可提出发现的不属于本专业范围内的问题。业务主管处室的专业主管人员汇总修改意见并研究草案稿处置措施,供部门领导审查时参考。

第三节　主管业务部门领导审查

法规主管业务部门在部门内部审查和业务系统辅助审查完成后,业务主管处室专门安排时间专题向部门主管领导汇报法规草案业务审查综合情况。通过汇报并经部门主管领导同意后,进入主管业务部门领导审查阶段。主管业务部门领导审查通常在业务主管处室的修改初稿上进行,由部门主管领导、部门其他领导和部门主要领导分别逐级审查。

一、部门主管领导审查

部门主管领导的审查,属于主管领导对部署业务主管处室编写法规草案工作成果的审查,通常包括参与草案编写方案组织情况汇报、草案编写进度情况汇报、草案初稿部门专业业务协调和草案初稿部门内部业务审查等阶段。部门主管领导通过编写阶段审查过程,了解掌握法规草案编写整体情况,分阶段审查草案编写修改中遇到的专业业务问题。

部门主管领导在法规草案编写方案组织情况汇报阶段,重点审核确定草案规范对象和适用范围；在草案编写进度情况汇报阶段，审定并掌握编写需要解决的问题；在草案初稿部门专业业务协调阶段，审核专业内容并协调相关业务系统审查；在草案初稿部门内部业务审查阶段，全文精读综合审查初稿的全套编写材料，为部门部务会议审查做准备。

二、部门其他领导审查

部门主管其他业务的领导，通常可能在部门内部审查阶段或者主管业务部门领导传签呈报阶段介入有关法规草案的审查。作为部门主管其他业务的领导，通常在分工主管其他专业业务的同时亦熟悉该法规草案涉及的专业业务。部门其他业务领导，在重点审查法规草案对本人主管的专业业务相关影响的同时，应审核其所熟悉专业建立制度的合理性。

部门其他业务领导在参与其他专业法规草案内容审查过程中，应首先咨询相关业务主管处室的专业主管人员，了解有关专业最新情况。判断其他专业法规草案与主管专业业务的关系与影响，必要时组织相关业务处室研究并提出有针对性的建议或意见。部门其他业务领导审查其他专业的法规草案，发现非主管业务的问题时亦应提出或明确标示核实。

三、部门主要领导审查

部门主要领导的审查，通常在专门组织的部门部务会审会时和呈报传签过程中进行。主要领导应在掌握了解部门法规体系整体建设情况的基础上，进一步审查该专业法规草案在部门法规体系中的地位与作用，审查其与部门法规体系中其他专业法规的关系，审核其草案编写稿的基础格式和规范内容及全套草案材料要与法规编写技术规范保持一致。

部门主要领导对本部门编写呈报的法规草案负全责，应精读草案全文并掌握法规制度精髓，要详细了解掌握并慎重研究呈报法规草案的主要问题，重点审核本部门处理各方面反馈意见的措施，必要时直接与立法主管部门等相关业务部门沟通协调，研定法规草案呈报材料的方案，决定主管业务部门部务会议正式审查法规草案呈报材料的程序安排。

第四节　主管业务部门会议审查

法规草案规范内容通常涉及主管业务部门的多个业务主管处室，或者属于综合性法规和系列法规的，均须通过主管业务部门安排部务会议进行专项审查。部门部务会议专项审查法规草案既是对编写工作的业务终审，也是为上呈呈报单位做最后准备。重点审查的内容通常是：专业系统综合情况汇报审查，业务主管处室专业问题处置措施审查，本部门与立法主管部门沟通情况审查，综合研定草案初稿部务会议审查结论。

一、专业系统综合情况汇报审查

主管业务部门召集部务会议专项审查法规初稿，首先由业务主管处室汇报前期在专业系统范围内组织审查的综合情况。参会人员在深入了解草案稿材料的基础上，综合研究专业系统审查意见。要重点研审专业业务系统内对草案初稿的接受程度，研判初稿编写基础质量。在研究专业系统审查意见时，着重审核对本业务系统其他专业的影响问题。对专业系统审查情况反映的具体问题，应逐项研定拟采取的合理措施。

二、业务主管处室专业问题处置措施审查

部门部务审查会议针对业务主管处室选择的专业措施审查，包

括必须由上级批准的制度建设和本部门针对业务系统意见有权采取的技术措施。应由上级批准的制度建设属于重大变化的，通常必须专项向上级报告请示或在编写说明中重点介绍。属于针对业务系统意见采取的技术措施，要逐项审查其是否符合拟编写法规草案宗旨、是否与部门业务系统法规体系规范统一和能否与其他相关业务法规内涵保持协调一致。

三、本部门与立法主管部门沟通情况审查

部门部务会议针对草案初稿阶段与立法主管部门立法沟通情况的审查，是法规立法审查区别于一般公文审查的关键环节。部门审查会议通常在业务主管处室专题汇报的基础上，主要判断立法主管部门对草案初稿编写基础的认可程度，重点审核针对立法主管部门初审意见采取的编写修改措施，并根据前期业务审查阶段立法主管部门介入初审时的具体情况，研究是否需要在部门会议审查后再与立法主管部门沟通。

四、综合研定草案初稿部务会议审查结论

部门部务会议最后需要综合研定审查意见结论，由主要领导全面讲评组织业务系统审查活动情况。对草案初稿的审查结论通常包括以下内容：主管业务部门会审原则通过（或未通过）草案初稿，并按照会议审查中提出的修改意见进一步完善初稿。针对重大修改内容逐项提出具体承办要求，最终形成征求意见稿（或初稿修改稿）。交由部门主管领导根据初稿修改具体情况，再商立法主管部门安排下一阶段审查活动。

第五节 主管业务部门审查需要注意的问题

法规草案主管业务部门在业务系统审查阶段,切忌闭门造车。即使在业务系统内部也应注意掌控主管业务部门说了算的观念,尤其应具备立法事务还须与立法专业主管部门统一协调的意识。如同公文专业主管部门协调统管业务公文办理一样,自提出建立法治社会以来,立法事务就在一般公文业务办理制度基础上增加了立法法制专业统管的制度。法规主管业务部门要注意处理好曾经出现过的主要问题:将立法文书混同于日常业务公文处理,自行绕过立法审查规程上报文秘部门,不理解不配合立法审查规程,将立法审查签报当成形式主义走过场。

一、将立法文书混同于日常业务公文处理

法制正规化建设初期,在一些业务系统中曾存在法规管理规程是"多此一举"的观念。法规草案编写初期编写草案初稿工作与机关日常业务公文办理几乎没有差异,还是由同一人员和领导经手,这导致办事人员自认为是行使同样的职责与权力。这种观念造成不少业务部门很长一段时间未能及时提高立法审查规程意识,后来还是通过汇总清理现行法规文书现状质量反映出的问题(参见本书附件一)逐步转变观念的。

将立法文书混同于日常业务公文处理较典型的案例是:最早出现的"多费一道手续"的多此一举观念,将法规立法审查规程与日常一般公文办理程序混为一谈(参见本书附件三中的案例二)。

二、自行绕过立法审查规程上报文秘部门

建立立法审查规程初期,不少主管业务部门仍习惯沿用原先的公文办理渠道送审呈报法规草案。受理承办的办公文秘人员,也因

对上报公文性质判断或对立法审查规程理解有误等，未严格把关即放行上呈。有的业务部门不仅想方设法绕过立法主管部门审查规程，甚至忽视公文办理的基本常识，导致出现严重的低级失误造成返工。

较典型的案例是：有的业务部门按公文传统程序制发过各式法规文书，也认为多此一举，并想方设法绕过立法审查程序呈报上级签发基层署名文书发生基础文秘问题的低级失误（参见本书附件三中的案例五）。还有的业务部门用规范性文件呈报法规文书并出现引用法规依据不符合实际等问题，经多级审批后却无法下发基层施行，后经立法主管部门重新编写送审报批后再下发（参见本书附件三中的案例九）。

三、不理解不配合立法审查规程

个别业务部门质疑立法审查有关规程，认为审查与不审查没什么区别，对立法主管部门按审查规程进行的例行程序不屑一顾。有的还认为立法主管部门审查过于苛刻，不理解也不主动配合法制建设的统一性要求。其实立法审查规程是整个立法发布机关严肃立法的体现，最终保障的是法律的权威性。

较典型的案例是：业务部门不主动配合立法主管部门安排的编修法规规划，出事故后推卸责任并害怕再次担责又不敢修改法规（参见本书附件三中的案例十）。还有的业务部门一次呈报数个由多人分别编写的同类法规，这属于系列法规范畴，但其不理解立法审查统稿要求，共性规范不一致的问题没得到解决，还通过直接上级干预审查，致使立法主管部门很难协调（参见本书附件三中的案例十一）。

四、将立法审查签报当成形式主义走过场

有的业务部门认为编写的法规草案基本是以业务工作为主，可以自己说了算，认为立法程序的其他环节都是走过场，甚至将立法审

查程序当作可有可无的形式主义。但主管业务部门不可仅靠相信编写人员而随便放弃审查规程的任一关口，实际上当面对数倍乃至数十倍体量的法规草案，经手的承办人员必须有人能耐着性子逐条逐句精读审看，只有这样方能发现法律问题或弥补编写漏洞，从而避免造成有法无依的局面。

较典型的案例是：主管业务部门主要领导因上级催办忽略亲自全文审看，未能把住关键环节，接着还不理解立法主管人员建议补救性的终审全文精读（需时数天）的必要性，承办人员坐等催办，逼的文秘部门主管法制领导代签（立法主管人员没审拒签）。法规印发前最后把关的三审稿环节又未认真组织审看，道道关口均被放弃，造成印发基层后难以施行的重大后果，最终被迫针对矛盾问题修改后返工重印数千册（参见本书附件三中的案例八）。

第五章　专业业务系统辅助审查

主管业务部门在进行内部专业业务审查的同时，还须考虑法规草案所规范专业业务在业务系统范围内的辅助审查，即在草案涉及的主管业务部门专业系统和相关业务系统，获得各有关专业业务部门与专家的认可。主管业务系统辅助审查，通常在法规草案初稿成稿后至主管部门部务审查会议前安排，可按照专业业务系统专家审查、专业业务系统纵向审查、纵向范围关联业务审查、业务系统专业会审的形式程序组织进行，也可根据审查内涵的繁复程度和需要，一并安排综合通审，并处理好专业业务系统辅助审查时需要注意的相关问题。

第一节　专业业务系统专家审查

草案规范专业业务系统专家审查，通常可由有关的专业学术（会）专职研究人员、主管业务部门的原前任（离职、退休）专业人员和曾参与旧法规起草的人员共同承担。专业业务系统专家审查的方式是，专业主管人员视情将法规初稿材料函寄相关人员，然后收集并研究反馈意见，并可有针对性地与函审专家沟通探讨反馈意见内涵；或根据反馈意见的矛盾情况，确定是否再组织专门范围的专家审核会议面对面征询意见。

规范专业业务系统专家审查探讨的重点，通常以草案内容是否符合实际和规范内容基础表述是否准确为主。首先审核草案确定的专业适用范围的准确性，确定其在专业系统全局或局部的适用时空范围；其次审查专业业务调整对象的正确性，包括拟规范主客体、专业人员或业务组织的正确称谓，并审核草案规范制度建设内涵是否符合实际；最后通过专业业务系统的专家评审，确保在专业业务范畴内不出现基础常识问题。

第二节　专业业务系统纵向审查

法规草案经过专业业务系统专家审查后，主管处室即可安排在专业业务系统内组织纵向审查。专业业务系统纵向审查，是在专业业务系统内对草案初稿的全纵深业务审查。专业业务系统纵向审查可结合草案初稿首次征求意见活动一并组织，随征求审查意见公函将法规草案初稿发至本系统各级相应主管业务部门。还应考虑按照依法立法原则一并呈请上级主管业务部门参与审查，审核贯彻上级立法原则和内涵是否准确到位。

专业业务系统的纵向审查，主要审查草案规范业务系统内各层级执法责任、承办程序、请示报告制度等涉及事项，审查其是否符合相应层级主管业务部门权限、责任和能力等。由参与具体操作的下级承办部门，针对实际情况进行审查。在汇总反馈审查意见的同时，研定组织专业业务会审的必要性。对于综合性法规，可在征求审查意见公函中即通报召开业务系统会审会议，要求参会人员带盖有部门公章的文字意见到会。

第三节 纵向范围关联业务审查

主管业务部门在组织法规草案专业业务系统纵向审查的同时，可指导纵向业务系统同步审查草案内涵对本层级范围关联业务的直接影响。专业业务系统纵向层级关联业务通常涉及其他需要配合落实的业务部门和技术保障机构等，要分别重点审查法规草案涉及相关专业内容的合法性和可行性。涉及关联业务的部门或机构可就草案内涵存在的问题及可能对本专业带来的影响，提出疑问或意见。

主管业务部门指导纵向范围层次的关联业务审查，可在初稿征求意见阶段由纵向业务系统各层级的主管业务部门同步安排，或专项召集关联性协调会议一并收集审查意见。关联业务审查主要研审主管业务系统制度与关联专业业务规范协调问题，审核法规制度规范与关联业务部门制度和技术规范有无歧义，核实关联单位的配合落实方法与措施切实可行，确保法规草案在落实施行中得到关联单位的密切配合与支持。

第四节 业务系统专业会审

主管业务部门应针对法规草案内涵繁杂程度、组织实施的难易、技术标准的掌控和所涉及的业务范围，结合前期业务审查中收集的意见或遇到的具体问题，组织业务系统的专项会议审查，为主管业务部门部务会议综合审查提供意见。确须安排业务系统会议审查的草案，通常可在草案初稿修改稿基础上，召集专业系统专家、具体实施操作草案直接有关各级部门或单位等进行专业会审，研究并出具会审纪要（意见）。

业务系统专业会审应紧紧围绕法规草案制度建设方面的基础问题，审查草案初稿内涵的成熟程度、专业业务规范与适用范围的准确性、规章制度建设的科学性、权限责任区分的严谨性、具体操作执行行为的合理性、专业管理规程是否顺畅清晰和法律责任层次与后果是否明确。专业会审必须将业务系统内所有问题摆清楚，坚决执行“知无不言，言无不尽”的方针，做到在专业业务权限内采取措施正确无误。

第五节　业务系统辅助审查需要注意的问题

主管业务部门尤其是业务主管处室应重视业务系统辅助审查，不可采取可有可无的态度。特别是专业主管人员要注意充分发挥业务系统辅助审查资源力量，群策群力，集中专业群体的集体智慧完善制度建设。参与业务系统辅助审查的人员都是长期从事业务管理事务的专业人员，熟悉专业发展沿革和制度建设历程，在完善专业制度法规建设方面责无旁贷。各级操作实施的业务部门更应对即将制定的工作依据全面负责。

一、专业业务系统专家审查需要注意的问题

专业业务系统专家收到审查的草案初稿后，要注意结合自身经验或新旧草案变化，主要研究被审查草案新建制度是否符合建章立制的宗旨。专业业务系统专家要保持与专业主管人员的沟通联系，了解最新政策要求和发展趋势及制度措施背景情况，判断草案内涵表述是否正确无误。尤其要保持对草案初稿内涵的审慎态度，对所有与旧法规不一致的新出现内容均应问一下为什么，并在深入了解的基础上提出相应的疑问或建议。

二、专业业务系统纵向审查需要注意的问题

专业业务系统纵向各级有关单位收到需要审查的草案初稿后，承办部门必须指定专人负责承办，并在精读后及时提出处置意见。承办部门要按时限要求，及时安排召集所属涉及单位和有关人员会审草案初稿。参审单位重点针对本级（部门、单位）职责权限和操作实施措施，审查研究其与自身承担能力和实际承办程序之间有无差距。安排参加主管业务部门组织的专业会审，参会人员必须携带盖有公章的审查意见。

三、纵向范围关联业务审查需要注意的问题

纵向范围有关业务部门收到草案初稿进行辅助性审查时，应当注意交由熟悉被审查草案规范事务情况的人员进行精读。审查人员要先明确以下问题：有哪些内容与本级的关联业务和机构相关？相关业务和机构是否有现行专业法律规范？与被审查草案规范表述是否一致？然后组织征求并收集关联范围内有关单位的意见和考虑对相关专业带来的影响，并据此回复相关专业的修改意见。审查人员可对发现的所有立法问题提出疑问。

四、业务系统专业会审需要注意的问题

主管业务部门组织的业务系统专业会审，属于审查工作过程中的首次开放性会审，也是专业业务系统内部技术性基础审查。审查中主管处室和专业主管人员应详细全面介绍草案稿编写涉及的业务背景资料，明确会审任务和关键审核事项，部门主管领导应全程参加审查并掌握会审质量。主管业务部门的业务系统专业会审，可参照《法规草案编写技术参考规范》第十三章[1]组织实施。

---

〔1〕 参见林东编著：《法规草案编写技术参考规范》，法律出版社 2017 年版，第 194 - 202 页。

第六章　法规呈报单位立法审查

法规呈报单位在主管业务部门专业审查和专业业务系统辅助审查时,已有呈报单位内部相关的业务部门参与,实际上已经进入呈报单位法规立法审查阶段。呈报单位立法审查通常从单位内部有关业务部门参与业务综合审查开始,经呈报单位立法主管部门审查、呈报单位领导立法审查以及呈报单位立法会议审查(议),通过呈报单位审查后向立法发布机关立法主管部门送审。同时还应处理好呈报单位立法审查需要注意的问题。

第一节　呈报单位内部业务综合审查

呈报单位内部业务综合审查,是与主管业务部门编写的法规草案关系最紧密业务部门的联合审查。通过审查,首先要明确法规草案主管部门规范事务对其他业务部门可能带来的影响,确保草案适用范围准确无误;并在呈报单位内部相关业务部门之间,构成合理的内部法律体系协调关系;促使单位内部各部门了解掌握涉及主管业务部门制度建设方面的最新进展,正确配合主管业务部门落实相应的管理规范(程)。

呈报单位内部参与业务综合审查的相关业务部门,承担全面审核主管业务部门法规草案内容并协助隶属主管领导审查的责任。综合审查主要包括法规草案在呈报单位法规体系和专业系统中的合理位置、主管业务部门掌握规范事务的准确性、发布机关和呈报单位权限的合法性、相关业务部门承担相应责任的正确性、草案内涵制度措施的可行性、共性行为规范的一致性和执法处置违法行为法律后果的公平公正性。

第二节 呈报单位立法主管部门审查

呈报单位立法主管部门既是单位内部相关业务部门，也是立法业务系统本级专业主管部门。通常从主管业务部门法规草案纳入单位立法规划立项开始，单位立法主管部门即已介入立项审查工作。呈报单位立法主管部门，主要通过立法专业业务参与内部业务综合审查。立法主管部门在审查中要以呈报单位法规体系为基础，结合单位内部相关业务部门审查意见，重点审查法规草案专业业务系统规范和立法编写基础规范。

呈报单位立法主管部门介入立法审查，包括从研究确定业务法规规划立项、了解编写初稿内容初审、参与单位内部草案征求意见稿二审到呈报单位会议立法审查(议)前的立法部门三审综合审查。单位立法主管部门作为既熟悉本单位内部专业业务系统关系，又掌握立法专业技术的业务部门，应在法规草案编写起草的过程中始终跟踪编写进程，向呈报单位会议立法审查(议)出具审查意见并承担立法专业审查责任。

第三节 呈报单位领导立法审查

呈报单位领导立法审查，担负审查责任的人员包括单位主管领导、单位其他领导和单位主要领导。呈报单位主管领导是指负责法规草案主管业务部门的分管领导，单位其他领导是指分管呈报单位内部相关业务部门的副职领导，单位主要领导是指呈报单位负责全面工作的正职领导。主管业务部门在单位业务部门综合审查后通常先向单位主管领导汇报草案编写审查情况，参加内部业务综合审查的相关业务部门分别向分管的单位领导汇报审查情况和意见。单位主要领导在法规草案纳入单位办公会议审查事项后，并于审查会议前收到审查材料后正式参审。

一、呈报单位主管领导审查

呈报单位主管领导在听取主管业务部门编写法规草案情况汇报后，在审核草案编写宗旨和立法本意实现的基础上，要详细研审业务系统审查的重大意见及其处置措施；审研单位内部业务部门综合审查反映的各部门审查态度，判定法规草案编写的成熟程度；审核主管业务部门前期审查中与立法主管部门的联系和沟通，督察立法审查规程落实；审定草案内涵中有关需要另行专项上报等事宜，严审其必要性和可行性。

二、呈报单位其他领导审查

呈报单位其他领导在分管业务部门汇报法规草案内部业务综合审查问题时，重点研审草案内涵对分管业务工作的影响问题及意见措施；检查历史上涉及草案规范事务曾出现的相关影响问题，审核其在本次草案文本中的应对解决措施；对照单位现行法规体系状况，审查草案规范业务系统建设发展带来的新问题；在分管业务方面为呈报单位主要领导终审提前把关，确保送审法规草案正确并完善单位法规体系建设。

三、呈报单位主要领导审查

呈报单位主要领导在单位办公会议审查前收到送审材料后，通常由领导秘书研究送审材料问题并提出审查(议)会议议程供领导参考。主要领导可安排时间分别研审主管业务部门草案全文和有关业务单位参与审查情况及立法主管部门的审查意见。呈报单位主要领导重点审定本次立法的必要性,审查前期立法规程执行情况,审研遗留问题和处置措施,了解发布机关立法主管部门对目前呈报稿的审查要求和具体安排。

第四节　呈报单位会议立法审查(议)

主管业务部门向单位主管领导汇报,并经审核确认法规草案基本成熟可以列入呈报单位会议立法审查(议)后,根据会议审查(议)要求形成会议审查稿材料,按照呈报单位办公会议立项程序送单位会议主管部门,商定审查上会具体时间和参会涉及部门(人员)及审查材料要求,并按要求数量于会议数天(周或月)前将会议立法审查材料报送办公会议主管部门。单位办公会议立法审查(议)通常按照参会人员会前审查送审材料、主管业务部门汇报业务审查情况、立法主管部门汇报立法审查意见、参会人员进行送审审查(议)的程序实施。

一、参会人员会前审查送审材料

单位会议立法审查参会人员收到会审材料后,通常在通读研究的基础上选定审查的重点问题。参审人员首先主要核实前期业务审查期间本部门(单位)提出修改意见的处置情况,判断草案最新修改内容是否满足所提意见的意向。并针对与本部门(单位)最密切相关的问题,可召集有关人员专项审核研究并提出新的意见。审查中如发现其他方面涉及立法关联问题,均可作为会议审查意见提出疑问。

二、主管业务部门汇报业务审查情况

呈报单位会议立法审查（议）通常由单位主要领导主持，单位主管领导和主管业务部门负责汇报组织编写和业务审查情况。主要汇报本次会议审查稿材料中拟送审法规草案的送审稿编写（起草）说明，重点说明前期业务审查中各有关业务部门反映问题的审查处置情况。凡有关重大制度、规范行为和法律后果的调整变化等问题，涉及法规发布机关权限问题的决策事项，均应在编写说明中专项说明并交代清楚处置意见。

三、立法主管部门汇报立法审查意见

立法主管部门负责汇报拟送审法规草案送审稿的立法审查规程实施过程，并宣读立法审查意见。立法主管部门在立法审查汇报中，应详细介绍拟送审法规草案列入单位立法立项后，纳入发布机关立法规划和年度立法计划情况。立法主管部门重点汇报编写初稿内容初审、单位组织草案征求意见稿二审到呈报单位会议立法审查（议）送审稿的立法三审审查规程中处置的重大问题，并提出送审发布机关的注意事项。

四、参会人员进行送审审查（议）

参加单位办公会议立法审查（议）的参会人员，在单位主要领导的主持下，根据会前对材料的审查和主管业务部门、立法主管部门的具体汇报，全面审查送审稿。参会人员提出的审查意见，可由相关部门现场答疑。主管业务部门和立法主管部门应详细记录有关审查意见，以便会后研究修改送审稿。主持会议的单位主要领导归纳审查（议）意见，形成办公会议立法审查（议）送审结论，指导主管业务部门会后执行。

第五节 呈报单位承办草案送审稿

呈报单位办公会议立法审查（议）后，主管业务部门根据办公会议立法审查（议）结论，尤其是有关修改意见，协商单位立法主管部门共同研究修改措施并准备全套草案送审稿材料。主管业务部门办理呈报单位报送法规草案送审稿请示，经逐级审签后呈报法规发布机关。送审稿请示同时抄送发布机关立法主管部门，须先经发布机关立法主管部门组织立法终审，全面审核呈报单位法规编写规程和审查送审稿全套材料。

呈报单位主管业务部门在正式办理送审稿请示前，应及时联系发布机关立法主管部门咨询送审形式和程序并按要求提供送审材料。送审稿全套材料通常采取两种形式送审请示：当呈报单位主管业务部门与发布机关立法主管部门分属不同机关时，送审请示适用下级呈报单位对上级发布机关行文请示；当呈报单位主管业务部门与发布机关立法主管部门同属一个机关时，送审件可用信函先直送发布机关立法主管部门审查。

第六节 呈报单位立法审查需要注意的问题

呈报单位组织的立法审查是法规草案业务综合性基础审查，在审查过程中，须重点加强呈报单位内部业务综合审查，重视呈报单位立法主管部门法制专业的审查，严密组织呈报单位领导审查规程，审慎进行呈报单位会议立法审查（议）审定送审稿，确保送审法规草案的专业业务综合基础审查质量。

一、重点加强呈报单位内部业务综合审查

呈报单位内部业务综合审查期间，主管业务部门应重点加强并充分利用好单位内部的业务协作。单位内部与法规草案内涵关系密切的业务部门，均应以负责任的正确态度参与综合审查，对与本专业密切相关的规范欠妥的表述均应提出疑问。各相关业务部门在参与业务综合审查过程中，要特别注意主管业务部门对所提意见的处置，审核采纳修改措施是否真正解决问题，切实承担协助单位业务分管领导审查的责任。

二、重视呈报单位立法主管部门法制专业的审查

呈报单位立法主管部门介入法规草案审查期间，要注意了解主管业务部门法规草案主管人员的法制基础素质，加强对首次参与立法审查活动人员的法制专业技术指导。立法主管部门的法制人员，在审查中逐步熟悉被审查法规规范专业制度的同时要关注主管业务部门采纳处置各方意见的措施。立法主管部门的法制人员在前期联系发布机关立法主管部门介入审查的基础上，应在单位会议审查（议）前及时向其通报。

三、严密组织呈报单位领导审查规程

呈报单位领导是在单位内部有关业务部门综合审查的基础上参与法规立法审查工作，要严密组织呈报单位领导审查。单位主管领导应核查主管业务部门执行立法审查规程的情况，注意审核采纳意见情况。单位其他领导要掌握分管业务方面对审查法规成熟度的认可情况，注意科学判断审查法规对相关业务的影响。单位主要领导在全面审查法规草案的同时，要注意指导秘书全方位了解掌握涉及法规草案各方面的背景资料。

四、审慎进行呈报单位会议审查(议)审定送审稿

呈报单位会议审查(议)是法规起草编写的终止阶段,是对法规草案送审稿的全面审定。呈报单位会议审查(议)通过的法规草案送审稿,属于呈报单位集体智慧的立法成果。呈报单位主管业务部门要注意提供的送审稿材料必须经业务系统普遍认可,呈报单位立法主管部门出具的立法审查意见应符合发布机关立法主管部门的法制要求。呈报单位尤其是主要领导,均要用区别于审批一般公文的审慎立法规程审批定审稿。

第七章　发布机关立法主管部门立法审查规程

法规发布机关立法主管部门（本章内简称为立法主管部门）立法审查，贯穿于法规立法审查规程全程。作为法规发布机关主管立法法制工作的业务部门，其从各专业业务部门呈报法规草案立法立项开始，即在法规立法审查规程的关键节点介入审查活动。立法主管部门通常主要在法规草案立法立项审查和法规草案初稿审查、法规草案修改稿再审查、法规草案送审稿审查的阶段中开展立法审查，并监督主管业务部门承办报批稿工作，同时处理好立法主管部门立法审查需要注意的问题。

第一节　立法主管部门法规立项审查

立法主管部门的法规立项审查，是组织规划法规体系整体建设的首项审定工作。法规立项审查关乎其能否列入发布机关立法项目，能否纳入业务系统或管理方面的法规体系建设长期规划和年度立法计划项目。立法主管部门组织机关单位和业务部门编报法规立项申请，按单位和部门审定其立法规划和计划并纳入发布机关的整体规划和计划。立法主管部门对法规立项申请通常按照审查法规草案送审稿准备情况、法规规范内涵发布权限、法规草案前期审查阶段结论和法规草案编写成熟程度进行审查，确定纳入发布机关的立法长期规划和列入年度立法计划项目。

一、审查法规草案送审稿准备情况

立法主管部门通常按五(十)年周期编制立法长期规划并逐年审查立项法规进展情况,以法规草案送审稿准备好的准确周期为纳入长期规划或年度计划的依据。法规主管业务部门的草案编写稿至当年年底仍难以形成呈报单位送审稿的,一般只能将其纳入立法长期规划,紧急项目延期至翌年年中前形成送审稿的可列入翌年年度立法计划。凡列入翌年年度立法计划的项目,均要慎重确保在计划年度内完成立法发布任务。

二、审查法规规范内涵发布权限

立法主管部门审查法规规范内涵涉及的发布权限问题,关系申请立项的法规应由哪级立法机关发布。立法主管部门通常依据主管业务部门申报的法规标题名称,初步判断其规范内涵涉及的发布权限,并将其列入该发布机关的立法规划立项。随后通过介入法规草案初稿或征求意见稿的审查,根据准确掌握的规范内涵涉及的发布权限有针对性地调整发布机关。调整发布机关须经相应机关审批同意后列入该机关立法计划。

三、审查法规草案前期审查阶段结论

立法主管部门审查法规草案前期审查阶段的结论,可能影响立法规划或计划的变更。法规草案前期审查阶段的结论,可能包括上述涉及发布权限问题和前期审查阶段因故未通过造成审查反复或送审延期等。前期审查阶段因故未通过可能包括专业系统业务会审或单位会议立法审查(议)未通过等情况,造成年底前无法完成送审稿。立法主管部门须根据立法审查过程中出现的问题,预先对年度立法计划进行调整。

四、审查法规草案编写成熟程度

立法主管部门在法规立项审查中,始终应重点关注法规草案内涵的成熟程度。立法立项初期审查中主要通过区分法规草案是编写新草案还是编修旧法规,判断法规草案的基础成熟程度。立法规划计划立项调整中主要通过业务审查中全业务系统的认可程度,判断法规草案的专业业务成熟程度。年度立法计划项目审定中主要根据立法主管部门对草案内涵的了解深度,判断法规草案的立法法理和逻辑内涵的成熟程度。

第二节 立法主管部门初审草案初稿

立法主管部门介入法规草案的初审可能有两种方式:一是呈报单位立法主管部门参与主管业务部门内部审查初稿时,特邀发布机关立法主管部门到会了解草案编写情况;二是作为有关业务部门参与初稿征求意见活动。法规草案主管业务部门通常利用征求意见时机将草案初稿成稿直接函送立法主管部门进行初审。立法主管部门初审法规草案初稿,主要了解初稿编写基本状况和编写人员掌握法制规范的基础素质,以外行角度熟悉草案立法宗旨与目的并初步学习草案规范专业内容,从初稿文本整体判断其与法制专业编写技术规范的一致性,确定草案初稿编写基础质量和需要重点注意解决的问题,避免不必要的返工或颠覆性修改。

一、初审了解编写人员基础素质及初稿编写情况

立法主管部门参审人员通过通读草案初稿全文,依据初稿现状判断编写人员素质。然后与主管业务部门沟通,具体了解编写人员参与立法活动经历。参审人员对参加过立法专业培训的编写组成员,主要通过查看初稿编写情况与编写组成员疑问解答指导初稿修

改工作。对从未经过立法专业培训的编写组成员,视情荐读《法规草案编写技术参考规范》[1]有关章节或有针对性地安排对编写项目和编写人员的专业培训。

二、初审熟悉立法宗旨并初步学习草案规范专业内容

立法主管部门参审人员参与草案初稿审查,须尽快熟悉立法项目草案宗旨并学习草案规范的专业内容。通过学习专业知识注意了解草案立法的上位依据和规范事项专业现状,明确专业规范内容的重点和特点。在熟悉和了解的基础上进一步分析所审草案在业务法规体系中的位置和层次,初步研判其发布权限和规范内涵适用范围。研定所审法规草案与同层级现行法规的关系,以及与其他相关专业业务规范的关系。

三、初审判断草案初稿与法制专业编写技术规范的一致性

立法主管部门参审人员审查草案初稿,重点是从整体上判断草案初稿执行法制专业编写技术参考规范的一致性。首先是研究选择草案标题三要素的准确性,进而判断标题与初稿内涵题文对应相符情况。其次初步审查草案整体框架结构层次设置的合理性,通过总则部分、分则部分和附则部分分析内涵的逻辑关系。最后审看各类法条编写的格式形态,重点是法条条款项目层次格式与编写技术参考规范形式的一致性。

四、初审确定草案初稿编写基础质量和需要重点注意的问题

立法主管部门的初审是主管业务部门业务系统内部审查期间的助审,主要在学习了解法规草案规范业务的同时打牢编写基础。参审人员通过上述初审,基本能够确定草案初稿编写的基础质量。须

---

[1] 参见林东编著:《法规草案编写技术参考规范》,法律出版社 2017 年版。

重点注意法规草案与相关法律规范的关系，准确把握调整对象并掌握好适用范围。审查中发现的所有技术性基础问题，立法主管部门在出具的初审结论中均要毫不保留地提出，作为草案编写避免低级失误造成返工的参考。

第三节　立法主管部门再审草案修改稿

立法主管部门再审草案修改稿，包括由初稿形成的征求意见稿到会审稿。立法主管部门作为有关业务部门，可能多次参加主管业务部门在初稿基础上组织的修改稿征求意见和会审活动并再审草案稿。立法主管部门参审人员再审草案修改稿，通常通过草案编写说明详细了解草案稿编修进程和修改稿有关变化，然后通读修改稿全文同时对应审核立法主管部门前期意见的采纳情况，再审中重点关注修改稿处置各方意见的措施，针对草案修改稿仍存在的法规编写问题提出立法审查意见。

一、再审详细了解草案修改稿编修进程和编写说明介绍

立法主管部门在法规初稿基础上再审草案修改稿，是为了进一步熟悉业务规范和跟踪掌握草案编写进程。参审人员主要通过草案修改稿编写说明详细了解初稿修改进程，掌握草案修改稿修改变化情况。要注意业务系统对草案修改稿的倾向性意见，以及草案修改稿重点修改调整的方向和内容等。尤其对编写说明中专项提及的重大修改事项应进行学习和研究，更深入地了解和掌握草案修改稿的编修进程及修改内容内涵。

二、再审通读草案修改稿并对应审核前期意见采纳情况

立法主管部门参审人员再审草案修改稿，通过通读修改稿全文

重点对应审核前期所提立法审查意见采纳情况。首先从整体上通观草案全文与法规草案编写技术规范的一致性，审定其编写技术细节的掌握情况。其次对应前期审查提出的意见逐条审核修改稿是否采纳，研审其处置方式的合理性。最后根据某项意见可能属于同一类问题须一并处置的原则，审核主管业务部门理解修改意见原意和修改稿举一反三的举措。

三、再审重点关注修改稿处置各方意见采取的措施

立法主管部门参审人员在审核草案修改稿采纳本部门立法意见的同时，要重点关注修改稿处置各方面意见的调整措施。关注对各方意见的调整措施，可进一步理解草案规范对象之间的相互关系和规范内涵的法理逻辑。研审草案修改处置措施，可判断草案修改稿是否始终坚持立法宗旨和保持法制制度的一致性。跟踪掌握各方在修改稿阶段修改意见的主要倾向问题，有助于审研这些意见和措施对修改稿带来的影响。

四、再审针对修改稿仍存在的法规编写问题出具审查意见

立法主管部门每次参加修改稿的再审，参审人员均应坚持针对修改稿仍存在的法规编写问题提出审查意见。针对新修改内容注意修改稿采纳修改意见后，审核修改变动是否继续保持编写技术规范要求。根据修改意见草案修改稿采取的措施，审核其依法符合法理的正确性和逻辑性。参审人员对修改稿仍存在的各种立法方面的疑问，均应提出法制专业方面的原则性审查意见，预防并避免出现可能的颠覆性问题。

第四节　立法主管部门终审草案送审稿

立法主管部门终审法规草案送审稿，是发布机关进入正式全面的立法审查。呈报单位正式向发布机关请示（函）送审法规草案送审稿后，立法主管部门及其参审人员应首先担负审查责任。主管业务部门应按照立法主管部门的终审要求，将立法征求意见所需数量的草案送审稿材料（包括电子版）送至立法主管部门。立法主管部门通常根据送审稿涉及的范围按照组织立法征求意见活动、收集整理归纳反馈意见、对照全文逐条通审送审稿、与主管业务部门商定呈报稿的审查规程进行终审。

一、终审组织立法征求意见活动

立法主管部门收到法规草案送审稿材料后，即可按与主管业务部门商定的涉及范围组织立法征求意见活动。立法主管部门组织的立法征求意见活动，要全面审核前期在业务系统内部和相关业务部门范围多次征求意见时主管业务部门处置措施的合理性。由立法主管部门盖章制发组织立法征求意见活动的信（公）函，标志着征求意见的草案送审稿已纳入发布机关立法终审审查阶段，应引起收到信（公）函单位的高度注意。

负责具体承办征求意见信（公）函或网络公告信息的人员，通常根据草案送审稿重要程度和送审稿体量及在征求意见范围组织汇集意见与逐级审研上报承办所需时间，在通知中明确文字意见反馈时限或派人带单位盖章的文字意见参加立法主管部门立法审查会议的日期。涉及整理草案送审稿征求意见材料、组织征求意见形式或安排专项审查会议等事宜，可借鉴《法规草案编写技术参考规范》第十二章[1]中有关内容。

---

〔1〕　参见林东编著：《法规草案编写技术参考规范》，法律出版社2017年版，第183－193页。

二、终审收集整理归纳反馈意见

立法主管部门参审人员在草案送审稿征求意见等待回馈至收集整理归纳反馈意见期间，通常按照先精读送审稿材料全文整理立法专业意见、逐项收集整理归纳反馈意见、梳理需要进一步深入了解的专业问题，同时与主管业务部门进行必要沟通的程序做好通审送审稿的准备。收集整理归纳反馈意见，可参照《法规草案编写技术参考规范》附录中附件七"法规草案稿征求意见汇总处置表样式"[1]登记整理。

（一）精读送审稿材料全文包括编写说明等附件材料，首先将涉及立法专业编写技术规范方面的问题整理出来，并逐项注明调整意见。然后对照送审稿与再审修改稿的主要修改内容，掌握了解送审稿的修改变化情况。也可通过主管业务部门提供的前期征求意见登记资料，具体了解各方对前期修改稿的意见原意及主管业务部门的对应处置措施。

（二）立法主管部门收到送审稿征求意见的反馈后，逐项收集整理归纳反馈意见。通常按送审稿条序顺序登记反馈意见，提意见单位可按收到意见先后排序登记。对涉及立法专业规范方面的意见，可先按立法编写规范的原则注明处理采纳措施，最终与主管业务部门商定。涉及主管业务部门专业方面和相关业务方面的意见，处理情况一栏均暂空。

（三）参审人员在精读和登记反馈意见的基础上，梳理需要进一步深入了解的专业问题。处理反馈意见的过程也是深入学习了解草案送审稿内涵的过程，参审人员应将发现或想到的疑问包括逻辑方面的问题均列入沟通提纲，为更好地与主管业务部门审研草案送审稿做准备。

（四）参审人员与主管业务部门负责承办人员进行必要沟通，并

〔1〕 林东编著：《法规草案编写技术参考规范》，法律出版社2017年版，第240－241页。

安排送审稿通审事宜。针对沟通提纲和反馈意见登记中较重大的意见措施，参审人员应先与主管业务部门负责承办人员进行必要的专业沟通，判断立法主管部门拟定的审查意见是否可行。参审人员根据反馈意见登记及沟通情况，与主管业务部门承办人员商定通审送审稿日期。

三、终审对照全文逐条通审送审稿

参审人员向立法主管部门汇报草案送审稿征求意见情况后，按照批示即可进入送审稿通审准备。立法终审送审稿工作是法规发布机关立法审议前的法制专业性审查，通常由发布机关立法主管部门主持、呈报单位主管业务部门和立法主管部门的人员参加。送审稿属于综合性复杂的和反馈意见多且杂乱的法规送审稿，在立法终审通审时可增加相关部门（单位）代表参会。立法终审通审会通常采取大屏幕显示送审稿电子版材料、送审稿全文逐条审议、参审人员集体通审审定、确定并登记审定结论的规程进行。

（一）立法主管部门主持通审会宣布审查法规项目和目的，然后在大屏幕播放由主管业务部门提供的草案送审稿电子版材料的同时，由主管业务部门宣读草案编写说明，介绍编写和业务审查过程。接着由立法主管部门负责参审的承办人员，介绍发布机关受理送审稿后立法主管部门组织法制专业审查和广泛征求意见及整理归纳回馈意见的简要情况。

（二）立法主管部门将登记整理的征求意见反馈汇总处置表材料发与参会人员，对照大屏幕上显示的草案送审稿材料进入逐项审查。首先从法规草案标题开始，重点审查标题三要素选择的准确性。然后从总则首条逐条原文通读进行审议，原则上无异议的即为当场审查通过。重点是回馈意见较多的条款，原则上必须审议一致通过修改意见或措施。

（三）通审中反馈意见登记的修改意见条款是重点审定对象，通常通读原文和修改意见内容后，先由主管业务部门介绍草案内涵本意，参审人员围绕问题研讨采纳与否。立法主管部门参审人员在精读送审稿材料时登记的法制专业意见，随审查条款一并提出同时审议。所有参加通审的参审人员均可根据最新的会审材料，提出新的审查修改建议。

（四）逐条款审查后必须确定并登记审定结论，及时逐步形成草案呈报稿材料。参审人员审查讨论过程中，立法主管部门安排专人跟踪审定结论直接修改草案电子版。凡修改条款审查修改后，通过大屏幕再显示一遍该条款，在无异议的情况下方算审定定稿。涉及专业制度的问题，主管业务部门参审人员必须在通审期间与部门领导及时研究核定。

四、终审商定送审发布机关的呈报稿材料

立法主管部门与主管业务部门在送审稿通审通过后，针对审查和修改后的送审稿商定专业审查结论。主管业务部门向呈报单位汇报送审稿审定结论，然后将最新的法规草案呈报稿材料（草案正文副标题标注为呈报稿，草案编写说明标题对应调整）送立法主管部门。立法主管部门根据通审审定结论登记，再对照呈报稿材料精读审核全文。立法主管部门和主管业务部门的承办人员，共同负责完成送审发布机关的草案呈报稿材料。

立法主管部门承办人员就拟送发布机关审查（议）的草案呈报稿材料，向主管发布机关办公会议的秘书部门申请会议立项（上会）审查（议）事宜。主管发布机关办公会议的秘书部门根据发布机关立法规划和年度立法计划，安排发布机关办公会议审查（议）日期及上会时间。立法主管部门承办人员按要求，于限定日期前将法规草案呈报全套材料送达发布机关办公会议主管部门，由其按办公会议程序函送上会参审人员。

第五节　立法主管部门立法审查需要注意的问题

立法主管部门要注意处理好立法审查工作中的主要问题：严格督促主管业务部门自觉遵守立法审查规程，主动学习立法项目专业内涵深入了解专业现状，勇于解决立法审查中发现的法制技术问题，善于归纳各方意见正确反映基层立法修改意见。

一、严格督促主管业务部门自觉遵守立法审查规程

立法主管部门从建立单位（机关）立法规划开始，即应指导立法项目的主管业务部门自觉遵守立法审查规程。尤其是已列入年度立法计划的法规项目，立法主管部门必须最迟在该项目法规计划正式发布半年前即介入该法规草案立法审查。立法主管部门在审查法规规划和计划立项期间，要注意向主管业务部门宣介立法文书与一般行政公文的审批区别（参见本书附件二），督促其理解并主动配合施行立法审查规程。

立法主管部门还要注意立法审查规程建立初期出现的不配合现象，严格督促主管业务部门避免出现类似问题（参见本书附件三中与主管业务部门有关的案例），并促使其能自觉遵守立法审查规程。立法审查责任人员尤其在立法审查过程期间，遇到参与审查的其他相关部门、人员或领导，更需要注意多宣介立法审查规程区别于一般行政公文审批的特殊性和必要性，从而避免因不当理解等误操作原因影响立法审查规程的严谨施行。

二、主动学习立法项目专业内涵深入了解专业现状

立法主管部门参与立法审查的人员通常为法律专业人员，即使原先干过专业事务，往往也因脱离原岗位多年而生疏。介入立法审查时可能面对全新或不熟悉的问题，主动学习立法项目专业内涵、深

入了解专业现状是立法审查的基本要求。参与立法审查的人员要有意识地利用精读法规草案稿机会，学习研究审查对象涉及的专业领域和规范。在了解掌握审查对象和主管业务部门立法目标的基础上，更准确地提出立法审查意见。

立法主管部门参审人员需要重点深入学习了解的专业问题包括：审查对象所在专业体系中的地位、作用和管理制度历史沿革，调整对象和管理事务变化后的涵盖范围与法规适用范围具体对应状况，专业现状发展变化对制度建设的要求和重点更新调整的内容，加强管理后影响各方责任和法律后果的再界定，涉及管理制度修改调整背景的实际案例和有关统计资料，专业技术发展和新装备配备带来的新要求新标准等。

三、勇于解决立法审查中发现的法制技术问题

立法主管部门法制责任人员在立法审查工作中，会遇到历史的或传统的表述问题。法制责任人员应当针对问题表述敢于质疑，勇于解决立法审查中发现的法制技术问题。法规文书通常是当时社会时代行为规范的总结，同时会受到特定时代具体事务的局限和影响。参审人员应坚持按照业内统一或规范的要求进行立法审查，并针对问题表述勇于并善于运用法制专业学识引导业务部门及其专业人员转变传统观念并修正陈旧表述。

立法主管部门参审人员曾遇到的较典型的案例是：船舶航行从中华人民共和国成立初期至20世纪末一直沿用传统渔业“出海”用语，而“其它”和“其他”的混用现象也随处可见（参见本书附件三中的案例十二）；发布机关签署发布负责领导在法规报批稿中对局部事项专门加注法律责任，与法规附则中的共性处罚条款发生重复表述的法理问题（参见本书附件三中的案例十三）；政工系统曾提出“政治空气浓”的要求，或常用“认真”“抓（搞）好”等形容、比喻词汇表述工作态（力）度等的规范行为问题（参见本书附件三中的案例十四）。

四、善于归纳各方意见正确反映基层立法审查意见

立法主管部门在立法审查中，除了按照主要职责主动介入本级机关立法审查工作外，还担负着本级机关负责被动参与各级国家立法机关立法审查征求意见的活动。尤其是被授予立法权单位（机关）的立法主管部门，承担着立法发布机关在国家立法方面承上启下的立法审查责任。立法主管部门在组织参与上级国家立法机关立法审查征求意见活动中，法制责任人员要注意善于归纳各方意见，正确反映基层立法审查意见。

立法主管部门在组织本单位参与国家立法机关立法审查征求意见活动时，要注意关注国家立法对基层管理可能带来的影响，但反馈意见绝不能是简单转述民情的下情上达。法制责任人员要清醒地意识到归纳上报反馈的意见，这不仅是提意见单位基层的民意，还代表着被授予立法权单位及其领导的法治素质。要善于运用法律基本法理常识和国家法定职责，合理归纳基层各方意见，正确反馈立法征求意见（参见本书附件三中的案例十五）。

第八章　发布机关立法审议呈报稿

发布机关主管办公会议秘书部门须将立法审议的法规呈报稿材料,于会前按参会审议名单发至参审单位和人员。然后将确定的法规呈报稿(上会)审查(议)日期及上会时间,通知立法主管部门和呈报单位进行准备。发布机关办公会议立法审查(议)法规呈报稿,通常按照参审人员审阅法规呈报稿材料、汇报呈报材料编写和立法审查情况、发布机关会议立法审议法规呈报稿、发布机关会议确认立法审议结论的规程组织实施。发布机关对某项法规立法审查(议)工作可能进行多次,审查(议)法规呈报稿期间须注意处理好相关问题。

第一节　参审人员审阅法规呈报稿材料

发布机关参加立法审查会议法规审查(议)的参会人员,从收到法规呈报稿材料至开会参与审查(议)法规期间,均应安排时间通读审阅法规呈报稿材料并准备审查意见。上会参审人员审阅呈报材料期间通常详细了解法规审查情况、组织有关部门审核前期意见采纳情况、召集专项会议研讨重大问题内涵、研究确定并准备上会审查(议)意见。

一、通读呈报材料详细了解法规审查情况

上会参审人员通常为发布机关领导、有关部门代表和与呈报材

料密切相关的责任人员，在法规正式发布施行后均受其制约。上会参审人员从收到法规呈报材料到上会会审可有一周至数周的间隔，通常有充足的时间安排通读呈报材料。上会参审人员应按照参审要求，在通读呈报材料详细了解法规草案情况基础上为审查（议）做准备。在通读中若发现问题，也可考虑组织相关部门进行上会前审核或召集专项会议研讨。

二、组织有关部门审核前期意见采纳情况

上会参审人员在通读了解发现呈报材料的问题后，可根据需要组织本单位前期参与审查的有关部门审核呈报材料。上会参审人员组织有关部门参与审核呈报材料，通常先与该部门联系了解前期参与审查的情况。然后将呈报材料送该部门精读研究，并要求在期限前尽快针对前期审查所提意见出具审核参考意见。若涉及部门较多，可由指定的主管部门牵头组织有关部门及有关人员，共同精读研究审核呈报材料的内涵。

三、召集专项会议研讨重大问题内涵

上会参审人员可根据有关部门的审核结论和建议，确定是否有必要召集某方面问题的专项研讨会议。专项研讨会议由上会参审人员组织与研讨问题密切相关的部门和人员，针对呈报材料问题研究审核意见。上会参审人员在研讨会议上直接提出呈报材料中需要研讨的问题，参加专项研讨会议人员紧紧围绕问题展开讨论，从执行操作角度研判其可行性。参与专项研讨人员，可就问题直接咨询呈报材料的主管部门和人员。

四、研究确定并准备上会审查（议）意见

上会参审人员在通读呈报材料、组织有关部门审核前期意见采纳情况和召集专项研讨会议后，即可考虑研究确定并准备上会审查

(议)意见。上会参审人员准备上会审查(议)意见,通常可能包括对标题的意见、关于规范事务概念的技术性意见、涉及有关责任区分的意见、有争议的管理制度问题意见,甚至可能包含颠覆性意见。所有存疑意见均须准备相应的法理理由,通过上会研讨和审议最终确定意见的性质。

第二节 汇报呈报材料编写和立法审查情况

发布机关召开立法审查会议审查(议)法规呈报材料,通常由主管立法法规规范业务并签署发布法规的发布机关负责领导主持。发布机关办公会议主管秘书部门核对立法审查(议)会议参会人员到会情况后,主持会议的领导即可宣布立法审查(议)会议任务和议程,然后由法规材料呈报单位和发布机关立法主管部门分别汇报法规编写和立法审查情况,参会人员了解和咨询相关问题。

一、宣布立法审查(议)会议任务和议程

主持会议的领导从宣布立法审查(议)会议任务和议程起,即正式行使《立法法》授予的行政立法权。参加立法审查会议审查(议)法规呈报材料的上会人员,即正式进入区别于日常事务性的立法审查(议)规程。主持会议领导根据呈报材料请示事项宣布审查(议)任务,并部署立法审查议程。立法审查议程先由呈报单位汇报法规编写情况,再由发布机关立法主管部门汇报审查情况,然后进入立法审查(议)程序。

二、呈报单位汇报法规草案编写情况

呈报单位参会人员按照主持会议领导宣布的议程程序,全文宣读呈报材料中的法规草案编写说明。宣读法规草案编写说明可使立

法审查(议)会议参会人员了解审查(议)对象的编写情况,明确审查(议)任务。重点是审核法规草案中制度变化的科学性、采纳修改意见的合理性、重大专项问题对其他专业业务带来影响的对应措施。并介绍编写说明随附的相关参考资料,帮助全面深入了解草案编写和业务审查规程。

三、发布机关立法主管部门汇报立法审查情况

发布机关立法主管部门在呈报单位宣读完法规草案编写说明后,按照主持会议领导的要求再宣读呈报材料中的立法审查意见。宣读立法审查意见主要是从法制业务角度提出立法审查专业意见,说明主管业务部门呈报法规材料在立法规划计划立项、立法规范事项依据、法制编写技术规范、执行立法审查规程、立法重大制度规范说明等具体情况,并提出立法呈报材料上会审议建议,向拟发布法规机关立法审查会议报告。

四、参会人员深入了解和咨询汇报中的问题

参加立法审查会议审查(议)法规呈报材料的上会人员,在主管业务部门汇报法规草案编写说明和立法主管部门宣读立法审查意见过程中,对照汇报材料中的疑问,为深入了解情况,可插话询问有关详细背景资料。呈报单位和发布机关立法主管部门的参会人员,应在上会前做好汇报材料各方面的技术准备。参会人员通过咨询问答可及时判断法规问题,主管业务部门和立法主管部门可通过答疑详细提供审议素材。

第三节　发布机关会议立法审议法规呈报稿

负责签署发布法规的主持会议领导在主管业务和立法主管两部

门专业汇报的基础上，可根据上会参审人员对答疑情况的了解，适时宣布进入法规呈报材料正式审议程序。审议程序通常从法规标题开始按照章节顺序进行，由有意见的参审人员主动发表审议意见。呈报单位主管业务部门和发布机关立法主管部门的参会人员，负责分别详细记录专业业务方面和立法法制方面的审议意见。主持会议的领导负责归纳审议意见，并在审议结束时总结并宣布本次审议法规呈报稿确认的审查结论。

一、上会参审人员审议法规呈报稿原文

参会人员首先对法规草案标题名称整体上涉及的规范对象进行审议，审核其在法规体系中明确的位阶层次和空间位置及发布权限。其次从总则章开始审议法规基本规范，研判其确定的适用范围、地位作用和基本原则与要求。最后按照分则章顺序逐章审议其法理内涵，研审其逻辑关系和规则规范。通常审议中可能出现以下状况：对送审呈报法规基本认可无不同意见，对具体规范或关联事宜有不同意见建议修正，对有关重大事项有争议需要协调，发现影响呈报法规无法发布的问题。

（一）对送审呈报法规基本认可无不同意见：是指在审议法规草案过程中参审人员没提出实质问题，有关疑问经主管业务部门和立法主管部门的解答也顺利释疑。参审人员经过逐章研讨对审议中的法规草案确认无修改或无其他异议问题，即由主持审议的领导逐章归纳审议结论。发布机关立法审查（议）会议审议无意见基本认可通过的呈报材料，即可由主管业务部门和立法主管部门会后直接按立法规程办理报批。

（二）对具体技术性规范或关联事宜有不同意见建议修正：是指参审人员发现法规规范内涵或关联事宜确实需要研究修改的，可通过必要的技术性调整修改法规草案。审议中确认仅有技术性修改问题的呈报材料可同时研定修正方案，通常会后由主管业务部门针对

修改的内容及关联事宜负责整体核对处理。发布机关立法主管部门协助主管业务部门进行修改,并与修改内容相关的业务部门沟通一致后通过立法法制审查。

（三）对有关重大事项有争议需要协调:是指参审人员审议时发现呈报法规中有重大争议问题,经审查会议确认须重新进行协调调整的。重大事项有争议包括:规范对象职责调整、分则章节调整、管理规程变更、条件或标准改变等,争议事项性质或程度可能导致法规草案的较大修改。审议中确认重大事项有争议问题的法规材料,通常需要主管业务部门重新组织研究和编写调整,协调一致后按照送审规程另行送审。

（四）发现影响呈报法规无法发布的问题:是指参审人员审议中发现呈报材料中存在颠覆性问题,可能直接影响到法规的正常发布。所谓颠覆性问题可能包括:法规标题问题或立法依据、调整对象、适用范围、发布权限等存在的法理矛盾,需要研究呈报法规能否重新立法或调整修改的可行性结论。经主持审查会议的领导归纳确认颠覆性问题的性质和影响后,通常由发布机关立法审查（议）会议退回呈报单位处理。

二、主管业务部门人员记录并答复专业审议意见

发布机关立法审查会议审议法规呈报材料期间,主管业务部门负责登记专业业务方面的审议意见以备会后研究修改。参会人员提出有关专业业务方面意见的同时,通常由主管业务部门参会人员现场及时答复。采取现场答疑的方式解答有关专业意见问题,包括呈报单位送审的全套呈报材料中所有专业业务问题。主管业务部门在答复专业业务问题意见中,关联到法制专业业务方面规范时可由立法主管部门协助答复。

三、立法主管部门人员记录并答复专业审议意见

发布机关立法审查会议审议法规呈报材料期间，立法主管部门负责登记法制专业方面的审议意见以备会后统一调整。参会人员提出有关法制专业方面意见问题的同时，通常由发布机关立法主管部门参会人员现场及时答复。采取现场答疑的方式解答有关立法意见问题，包括呈报单位送审的全套呈报材料中所有涉法问题。遇到涉及法制专业基础规范和技术知识问题时，允许充分利用审查时机针对专业知识要点讲清楚。

四、主持会议领导负责逐章归纳审议结论

发布机关立法审查会议审议法规呈报材料过程中，主持审查会议的领导应根据参会人员审查意见逐章归纳审议结论。主持会议领导在组织逐章审议时针对具体审议意见，应注意与主管业务部门和立法主管部门随时核实问题性质。通常在询问“还有什么意见”时发现该章已无其他意见，则进行简要归纳后及时宣布进入下一章审议。所有章节内容全部审议完后，应询问全体参审人员，得到确认后即总结本次立法审议结论。

第四节　发布机关会议确认立法审议结论

发布机关在立法审查会议通过审议（或投票表决）并确定审议结论后，最终形成本次法规呈报材料的立法审定结论。立法审定结论可能包括四种确认方式：一是一致通过的法规呈报材料可直接办理报批发布程序，二是原则通过的法规呈报材料需修改后进入报批发布程序，三是法规呈报材料存在较大争议需要协调调整后再启动送审程序，四是法规呈报材料出现颠覆性问题须退回呈报单位研究处置措施。针对不同的立法审定结论方式，通常要按不同的规程办理

法规呈报材料的后续事宜。

一、一致通过的法规呈报材料可直接办理报批发布程序

发布机关立法审查(议)会议一致通过的法规呈报材料,可于会后直接办理报批发布程序。通常会后发布机关立法主管部门与呈报单位主管业务部门确定呈报法规报批稿形式和材料数量,主管业务部门将删除条旨内容的法规报批稿送发布机关立法主管部门审核。发布机关立法主管部门负责指导主管业务部门办理填报发布机关报批发布法规的专用呈批单,呈报单位有关部门按照专用呈批单审签规程逐级签署填报。

二、原则通过的法规呈报材料需要调整后进入报批发布程序

发布机关立法审查(议)会议原则通过的法规呈报材料,属于"整体上原则通过,但需要技术修改后再报批"的法规草案。通常会后先由呈报单位主管业务部门按照审议会议确定的修改方案进行技术处理,涉及相关单位的修改建议可通报有关部门了解采纳情况。然后将最新修定稿及其电子版资料送发布机关立法主管部门审核,发布机关立法主管部门重点核对技术修改内容,确认符合审查结论后办理报批发布手续。

三、存在较大争议的法规呈报材料需要协调一致后再启动送审

发布机关立法审查(议)会议存在较大争议的呈报材料,属于"本次审查未通过,须协调调整后再送审"的法规草案。会后呈报单位主管业务部门要针对具体争议事项,协调相关部门研究争议问题并调整修改相关内容。涉及多部门的事宜由主管业务部门召集协调会议,取得一致意见统一修改内容。调整修改后的法规呈报材料送发布机关立法主管部门组织再审,经发布机关立法主管部门审查通过后再上会审查(议)。

四、法规呈报材料出现颠覆性问题须退回呈报单位研究处置措施

发布机关立法审查(议)会议审查的呈报材料,出现颠覆性问题须退回呈报单位重新研究处置措施。会后发布机关立法主管部门会同呈报单位主管业务部门共同研究具体的颠覆性问题,确认法规标题或立法依据、调整对象、适用范围、发布权限等问题的性质和影响。并进行立法法理或内容调整修改的可行性论证,通常采取以下调整或处置措施。

(一)法规标题问题的处置:法规标题问题可能存在规范事项和法律名称的界定与选择,并可能与其他问题相互产生影响。涉及规范事项方面的界定变更问题,通常表明规范事务现实发生较大变化。规范事务内涵范围的界定变动,可能使相关问题面临相应调整。法规法律名称的选择可能有两种情况:立法发布机关不变更时可选择符合内涵的法律名称;立法发布机关变更时,通常选择与立法权限相适应的法律名称。

(二)立法依据问题的处置:立法依据问题包括有明确立法授权的上位法和业务系统上位规定,也包括无明确授权的上位原则依据。立法依据可能因法规标题的调整或发布机关变更等有所变化,直接依据的上位法也可能发生变化。涉及规范事项和适用范围的扩大尤其是发布机关升级,通常可能引起立法依据发生更大变动。当规范事务内涵范围缩小细化或发布机关降级时,可能立法依据须更改为相应的上位依据。

(三)调整对象问题的处置:调整对象问题主要可能因规范事项及其内涵的变更发生增减变动,甚至因管理制度强化升级须重新确定。调整对象的增减可能带来法规规范内涵横向范围和纵向深度的调整,会直接影响到适用范围的改变。调整对象的增减不但需要明确增加相应对象的职责,而且必须重新明确和规范调整对象之间新的关系。调整对象之间关系的复杂化可能带来操作规程的重新编

写,等于重建管理制度。

（四）适用范围问题的处置:适用范围问题可能因规范内涵横向范围和纵向深度的调整发生变化,还可能遇到法规合并或分拆的状况。法规合并或分拆都必然带来规范内涵明显变化,适用范围也须作出相应调整。需要做合并处置的法规往往可能因体量增加适用范围扩大,采取分拆处置的法规可能因体量缩减适用范围缩小。合并处置的法规通常综合性扩展横向扩大适用范围,分拆处置的法规可能向专业性纵深扩展。

（五）发布权限问题的处置:法规发布权限级别通常根据规范内涵属于哪一级的权限确定,被授予立法权的发布机关基本上按照行政管辖权掌控立法发布权限。法规发布机关按照立法权限发布法规,应尽量避免越权或越俎代庖发布法规。原则上上级可以发布下级权限内的行为规范,但通常仅限于与上级权限范围内规范密切相关暂无明确依据的规范内涵。确认属于应由上级发布的立法规范,可呈报上级立法发布机关请示审查（议）发布或由上级立法权机关授权下级发布。

第五节　发布机关立法审议需要注意的问题

发布机关办公会议立法审查（议）法规呈报稿材料期间,参与审查（议）的单位和人员在按照立法审查规程做好工作的同时,需要注意以下问题:重视立法审查通读呈报材料的必要性,参审人员在审查（议）中应提出所有疑问,发布机关立法主管部门注意法制专业技术指导,签署发布法规的领导注意慎重行使立法权,多次送审审议的立法呈报材料必须详细说明前因后果。发布机关发布法规投票表决的按有关章程执行。

一、重视立法审查通读呈报材料的必要性

参与发布机关立法审查(议)的人员尤其是发布机关领导成员,首先要重视通读立法呈报材料的重要性。立法呈报材料由于自身体量和随附材料较多,通常超出一般行政公文数倍或十数倍。要明确立法审查通读法律文本与审阅一般行政公文的严格区别,确实安排时间落实通读呈报材料全文。参审人员因出差不在位无法在会前安排亲自审阅时,应及时布置给分管的专业人员组织阅办并将有关意见交参审人员上会。

二、参审人员在审查(议)中应提出所有疑问

参审人员在参加立法审查(议)工作中可能遇到不同内容的法规,须掌握的原则是公平审议并提出所有疑问。从法规立项到标点符号,凡发现与立法技术规则有异或与实际情况有出入之处均可提出疑问,供审查会议审议。尤其是涉及立法体系统一性原则或是与以前审查法规不一致的问题,均应如实指出以提高审查(议)的严谨性。涉及建章立制常识性方面的共性问题,也应打破业务主管界限对所发现问题不吝直言。

三、发布机关立法主管部门注意法制专业技术指导

发布机关立法审查(议)期间参审人员提出涉及法制专业技术方面的基础知识问题,发布机关立法主管部门负责法制专业的责任人员应注意进行立法技术的指导。法制专业责任人员要根据法规呈报材料实际状况于会前做好必要的法制专业准备,在审议过程中针对随时出现的疑问及时解答。由于参审人员往往是参会各单位掌握大政方针的领导,立法主管部门更要充分利用审查会议时机扩大法制专业基础知识的宣教。

四、签署发布法规的领导注意慎重行使立法权

发布机关签署发布法规的领导在发布机关立法审查(议)过程中,要注意掌控审查(议)会议进程并慎重行使立法权。签署发布法规的领导参加发布机关立法审查会议,面对大部头的法规呈报材料一旦难以亲自审阅必须于会前安排秘书代阅全文并归纳整理要点。然后可根据秘书汇报的要点于会前安排时间阅看相关内容,主持发布机关审查(议)会议过程中注意正确归纳参会人员意见并审慎行使立法权宣布审议结论。

五、多次送审的立法呈报材料必须详细说明前因后果

发布机关立法审查(议)会议审议确认需要再审的法规呈报材料,再审时可能遇到立法依据和职能部门职责变化等情况,须详细说明前因后果。呈报单位主管业务部门在呈报材料的副标题上,必须标明“第×次送审稿”并详细介绍前期编审问题和审议经过。负责登记安排立法审查(议)会议的秘书部门,在呈报材料上应注明是“第×次审查(议)会议”。发布机关立法主管部门在立法审查意见上应标明是再审意见。

第九章　发布机关立法报批审签发布规程

法规发布机关审查(议)立法呈报材料审查结论为一致通过和原则通过的法规,通常即按照立法规程进入立法报批发布阶段[1]。一致通过的法规由主管业务部门直接填报法规发布专用呈批单,原则通过的法规经主管业务部门主持修改并经发布机关立法主管部门审核后再填报法规发布专用呈批单。立法报批审签发布法规的规程通常按照:主管业务部门呈报立法报批件、呈报单位和有关单位领导传签立法报批件、立法主管部门签署立法审查意见、发布机关各级领导签署立法报批件、发布机关的负责领导签署发布法规的顺序办理,并注意解决立法报批审签发布规程中的相关问题。

第一节　主管业务部门呈报立法报批件

呈报单位的主管业务部门呈报立法报批件,通常按照以下规程办理:处理好审查(议)原则通过法规需要修改的问题、整理法规正文文本及编写说明材料为报批稿、法规业务主管处室填报法规发布专用呈批单、主管业务部门领导审签发布法规报批件、报批件分送法规规范相关业务部门传签、主管业务部门审核处置传签问题后上报呈报单位。

---

〔1〕　参见徐承敏主编:《立法理论与立法技术》,法律出版社1989年版,第149页。

一、处理好审查(议)原则通过法规需要修改的问题

主管业务部门的业务主管处室对发布机关审查(议)原则通过的法规立法报批件,应针对审查结论和需要修改的内容尽快拿出修改稿。修改稿内容涉及其他相关业务部门专业的,应协商有关业务部门并取得一致意见。然后送发布机关立法主管部门审核,主要是研审修改内容关联到其他业务问题可能带来的法理影响。经发布机关立法主管部门审核通过后,主管业务部门即可按照法规报批件报批程序启动呈报立法报批件。

二、整理法规正文文本及编写说明材料为报批稿

主管业务部门业务主管处室的具体承办人员在发布机关立法主管部门立法主管专业人员的指导下,将呈报发布机关审查(议)的立法呈报材料整理成立法报批稿。通常立法报批稿包括两部分材料:立法法规正文文本和关于正文文本标题的编写说明。立法法规正文文本要在呈报材料稿基础上进行技术调整,全部删除正文中加注的法条条旨内容。将打印好的法规正文文本后附编写说明,重新构成呈报签批报批材料。

三、法规业务主管处室填报法规发布专用呈批单

法规规范业务主管处室的具体承办人员,先用规范模式填写或打印好法规发布专用呈批单和发布法规红头文件首尾页,并按前后顺序将其一并固定在法规文本前后,另在发布专用呈批单上角加签(通常因法规内涵涉及较多同级其他专业业务难以分辨)注明报批件须传签的部门名单交处室负责人审查。处室负责人全文精读后,确认报批件无误和须传签的其他有关业务部门。处室负责人将报批件送呈主管业务部门负责本处室业务的直接主管领导,并汇报报批件整理准备情况。

四、主管业务部门领导审签发布法规报批件

主管业务部门的主管领导收到拟发布法规的报批件后,须询问了解法规上会审查(议)的审议结论及处置措施。然后仔细精读审核报批件全文,并审研发布专用呈批单上角加签(此签仅为参考与核对,并于主管业务部门负责人签署后传送前即摘掉)所注须传签的其他有关业务部门名单。经审核无问题后启动立法报批程序,将报批件送主管业务部门负责人正式签报。主管业务部门负责人签报呈报单位主管领导的同时,注明参与审签的其他有关业务部门名称,然后签署本人姓名和时间。

五、报批件分送法规规范相关业务部门传签

主管业务部门上报的立法报批件分送有关业务部门传签,是立法发布规程中重要的节点。有关业务部门参与审签是审核与本部门密切相关内容的最后机会,同时要监控主管业务部门报批件的准确无误。传签报批件应先送(转)呈报单位内部有关部门,且负责人(签署人)在单位的部门。有关业务部门承办处室负责组织核实相关规范内容,负责人(签署人)通常在已标明的本部门名称上圈注并签署本人姓名和时间。

六、主管业务部门审核处置传签问题后上报呈报单位

立法报批件经有关业务部门传签完成后,通常直接退回主管业务部门,仍由业务主管处室审核传签情况。业务主管处室承办人员如发现报批件有改动,尤其是法规正文修改内容必须与相关业务部门联系协调并取得一致意见。原则上传签的法规正文修改,无论采纳与否涂改当页均须重新打印替换掉原页。业务主管处室负责人向主管业务部门领导汇报有关传签和处置情况后,按照主管业务部门负责人指示再送呈报单位。

第二节　呈报单位和有关单位领导传签立法报批件

主管业务部门上报呈报单位的立法报批件，呈报单位和有关单位领导通常按照以下程（顺）序签呈报批件：先由分管主管业务部门的主管领导审签报批件，然后传呈报单位其他有关领导签署报批件，呈报单位负责领导签呈报批件，其他有关单位领导审签报批件。

一、呈报单位分管主管业务部门的主管领导审签报批件

呈报单位分管主管业务部门的主管领导收到报批件后，须安排时间最后一次精读报批件全文。对审查（议）结论为一致通过的法规报批件，审核其是否符合正式呈报的标准。对原则通过的法规报批件可对照审查（议）会议的审查结论审核其修改内容，如须了解详细情况可安排主管业务部门作专题汇报。然后签呈呈报单位负责人和单位分管呈报法规内涵有关业务须传签的其他有关领导的职称，并签署本人姓名和时间。

二、呈报单位其他有关领导签署报批件

呈报单位主管领导签署完毕的立法报批件，通常先传呈报单位的其他有关领导。呈报单位秘书部门按照领导在单位情况送其他有关领导秘书，其他有关领导根据所分管业务部门审签情况重点审核涉及分管业务方面的法规内容。也可直接联系所分管业务部门签署负责人，核实报批件涉及的有关业务规范；审阅过的有关领导通常在已注明的本人职称上圈注并签署姓名和时间，然后继续传送还未审签的有关领导签署。

三、呈报单位负责领导签呈报批件

呈报单位主管领导和其他有关领导签署完毕的立法报批件，送

呈报单位负责领导审签呈报。通常呈报单位负责领导的秘书先全文检查报批件内容有无删改或标注,凡有任何修改标注的,立即退送主管领导阅处。主管领导协调处理取得一致意见后,无论改动与否均须置换成无任何修改痕迹的页面再送呈报单位负责领导审阅。呈报单位负责领导呈报发布机关的同时须注明传签的其他有关单位名称,并签署本人姓名和时间。

四、其他有关单位的领导审签报批件

呈报单位负责领导审签呈报的立法报批件,通常先送其他有关单位负责领导传签。呈报单位秘书部门可根据其他有关单位负责领导在单位情况分送其他单位,其他有关单位负责领导重点审核涉及本单位专业业务方面的法规内容;可直接联系参与报批件签署的本单位相关部门负责人,核实报批件涉及的相关业务规范。其他有关单位的负责领导审阅后通常在本单位名称上圈注并签署姓名和时间,再传送未审签的其他有关单位。

第三节　立法主管部门签署立法审查意见

立法呈报单位呈报的立法报批件报送到发布机关后,秘书部门与立法主管部门核实立法审查意见。立法主管部门可能具备双重身份:既是发布机关的立法主管部门(本节简称:立法主管部门),同时又可能是呈报单位的立法主管业务部门。本节围绕发布机关的立法主管部门签署立法审查意见展开论述,呈报单位的立法主管部门可参照有关业务部门参与。立法主管部门签署立法审查意见的规程为:根据立法审查(议)结论审核报批件,立法审查意见附于报批件后端,立法审查法制专职责任人员权限,立法法制专职责任人签署立法审查意见。

一、根据立法审查(议)结论审核报批件

立法主管部门收到呈报单位立法报批件后,通常交由始终介入审查的责任人员负责接续精读审核。审查责任人员首先要查验报批件呈报审签规程执行情况,逐页查看有无再涂改痕迹。要重点按照发布机关立法审查(议)会议的审查结论,对照上会时呈报材料原件审核报批件须修改的规范内容。审核中发现的所有问题均要先行与有关部门或有关领导秘书联系确认,并依问题情况运用法理基础和逻辑规则协调处理好。

二、立法审查意见附于报批件后端

立法主管部门法制审查责任人员在审核报批件的同时,还应对照报批件核实参加发布机关立法审查(议)会议时出具的立法审查意见。对发布机关立法审查(议)会议给予“一致通过”结论的报批件,要在立法审查意见中增加审查(议)会议的审查结论。对发布机关立法审查(议)会议给予“原则通过”结论的报批件,更要在立法审查意见中加上结论处置情况。最后将立法主管部门的立法审查意见附于报批件后端。

三、立法审查法制专职责任人员权限

根据《立法法》授予立法权的立法发布机关因立法主管部门编制区别,形成不同的法制专职编制人员组编形态。立法主管部门编制法制专职组编的不同,造成同样肩负立法审查责任但在立法主管部门之间存在明显层级差异。立法主管部门的编制层级差别,包括委部、局处、室组和专职等级别。立法主管部门各层级法制审查专职责任人具有立法审查和签署立法审查意见的同等权限,审签法制意见对立法发布机关负责。

四、立法法制专职责任人签署立法审查意见

立法主管部门精读审核报批件并将立法审查意见附于报批件后端，即可将报批件送本部门负责人审签。立法主管部门负责人（包括委部、局处、室组的负责人和专职负责人员）作为立法法制专职责任人员，必须精读审核立法报批件全文。立法主管部门审签立法审查意见施行审查者负责的责任制，部门负责人必须与具体负责审查的责任人员复核介入审查以来的情况并核实立法审查意见。再在法规发布专用呈批单“立法审查”栏，签署“已经立法审查。同意发布。”并署姓名和时间。

第四节　发布机关各级领导签署立法报批件

发布机关立法主管部门签署立法审查“同意发布”意见的立法报批件，经由该部门所属上级单位的机关秘书部门呈报主管立法专业业务的单位领导审核签署后，再送发布机关秘书部门呈报发布机关领导审核签署。发布机关各级领导审核签署立法报批件通常按照：立法主管部门的上级单位领导审核签署立法报批件、发布机关主管领导审核签署立法报批件、发布机关其他有关领导审核签署立法报批件、发布机关非主管的负责领导审核签署立法报批件的程序，审阅签署立法报批件。

一、立法主管部门的上级单位领导审核签署立法报批件

立法主管部门将签署立法审查“同意发布”意见的立法报批件，送主管立法工作的直接上级单位秘书部门，由秘书部门安排传送单位的主管领导、其他有关领导、负责领导审核传签，单位主管立法部门业务的领导主要审核报批件法制专业规范落实情况，单位其他有关领导重点审核报批件与本单位相关业务规范的一致性，单位负责

领导全面审核报批件的立法审查规程执行情况，分别署名及注明时间后呈发布机关。

二、发布机关主管领导审核签署立法报批件

发布机关主管领导的秘书收到立法报批件后，按照立法报批件呈报要求检查法规发布专用呈批单审签规程。检查主管业务部门和呈报单位签署意见，并核实发布机关审查（议）会议审查结论处置情况。确认无异议的立法报批件送发布机关主管领导审签，并按照主管领导的要求处置问题。发布机关主管领导全文审阅报批件后，签注须签署的发布机关其他有关领导职称名单和负责领导（注明职务）后署名及注明时间。

三、发布机关其他有关领导审核签署立法报批件

发布机关主管领导签署立法报批件后，秘书将立法报批件送须签署的发布机关其他有关领导传签。须签署的其他有关领导的秘书通常按照领导主管业务方面审核报批件相关内容，并按领导要求与有关业务部门核实无异议。发布机关其他有关领导全文审阅报批件后，在主管领导签注的有关领导职称本人名单上圈注并署名及注明时间。须签署的发布机关其他有关领导传签完毕后，送呈发布机关立法负责领导审批发布。

四、发布机关非主管的负责领导审核签署立法报批件

《立法法》授权的立法发布机关负责领导可能是双领导体制，发布机关双领导体制下，通常按照负责领导的职责分工掌握审核签署立法报批件。呈送发布机关立法负责领导的立法报批件，秘书部门通常先送非主管法规业务的负责领导（本节简称：非主管的负责领导）的秘书，经审查未发现问题的，即呈非主管的负责领导审核立法法规中本人分管的有关业务规范，经核实同意后，在签注的负责领导

本人职称上圈注并署名和时间，然后送主管法规业务的立法负责领导签署发布。

第五节　发布机关的负责领导签署发布法规

法规发布机关各级主管领导和其他有关领导审签立法报批件后，立法报批件呈报发布机关的负责领导签署发布。发布机关签署发布法规的负责领导为主管立法法规业务方面的负责领导，负责最终审批发布立法法规。发布机关立法负责领导（本节简称：立法负责领导）通常按照：立法负责领导审阅立法审议结论处置措施情况、立法负责领导审查立法主管部门签署立法意见、立法负责领导审核呈报立法报批件审签规程、立法负责领导签署发布法规的审签规程发布法规。

一、立法负责领导审阅立法审议结论处置措施情况

立法负责领导审签发布法规，首先审阅亲自主持发布机关立法审查会议所作立法法规审议结论的处置情况。立法负责领导可以对照审查会议原稿，针对审议结论审阅法规报批稿的处置措施。审阅处置措施能否对应解决审查结论提出的问题，判断处置措施对完善立法法规内涵可能带来的影响。立法报批稿的处置措施应当满足立法审查结论要求并处理好相关问题，这样既符合立法审查结论初衷，也使法规更趋成熟完善。

二、立法负责领导审查立法主管部门签署立法意见

立法负责领导审签发布法规，重点审查立法主管部门依立法专业规范出具的立法审查意见。立法权负责领导通过立法主管部门的立法审查意见，审核立法报批件贯彻法规编写技术规范的基础质量，

审查本级立法法规依据上位法的一致性,依法贯彻上位法细化本级责任规范内涵的适用范围。立法负责领导审查立法主管部门专业立法意见时,应注意审核有关废止意见,核实拟发布立法法规与被废止法规新旧替代的关系。

三、立法负责领导审核呈报立法报批件审签规程

立法负责领导审签发布法规前,审核立法报批件的发布法规专用呈批单审签规程执行程序;审核从发布机关立法审查(议)会议结束后主管业务部门的签报,到各有关部门和相关机关领导的审签过程;核实要对立法法规负责的人员签名,尤其是必须全文精读人员的签署时间。必要时可与主管业务部门负责人、呈报单位负责领导、立法主管部门法制责任人、发布机关主管领导等联系认证,确保立法法规内容的正确。

四、立法负责领导签署发布法规

立法负责领导在审查确认立法法规无任何问题后,即可行使立法权签署发布法规。立法负责领导签署发布法规,通常在发布法规专用呈批单的审批栏中签署"同意发布"批示并签注姓名和日期。立法法规批准发布的日期,以立法负责领导签署发布法规的日期为准。呈报机关的主管业务部门和发布机关的立法主管部门,可凭立法负责领导的批示并在立法负责领导签署发布法规的日期后,办理登记、印发和备案等事宜。

第六节　立法报批审签规程中注意解决相关问题

发布机关审签立法报批规程运行过程中,承办部门要注意解决

好的问题包括:有关业务部门传签报批件应由熟悉情况的人员承办、及时处置和解决传签中修改法规正文内容的事宜、立法主管部门法制责任人员协调处置相关问题和发布机关领导秘书必须熟悉立法报批件承办规程等。

一、有关业务部门传签报批件应由熟悉情况的人员承办

主管业务部门将报批件送其他有关业务部门传签过程中,承办的有关业务部门注意应由熟悉情况的人员办理。通常较熟悉情况的是最早参与初稿审查并负责该项业务立法活动的主管处室人员,或者是参加立法审查(议)会议、参与呈报稿审查和了解审查结论的人员。熟悉情况的人员在办理报批件传签过程中,注意按照审查结论审核报批件。遇到须修改法规正文的问题时,注意先与主管业务部门的主管处室人员联系。

二、及时处置和解决传签中修改法规正文内容的事宜

发布机关审签立法报批件过程中,注意及时处置和解决修改报批件法规正文内容的问题。承办报批件的有关业务部门具体承办人员和机关秘书部门的领导专职秘书,接办前要先重点审看法规正文基本状态。凡遇到报批件传签过程中出现修改法规正文内容的问题时,通常应马上暂停办理并通知主管业务部门和立法主管部门的承办责任人员。经两部门联系协调和最终定稿(换页)后,报批件的传签工作再继续进行下去。

三、立法主管部门法制责任人员协调处置相关问题

发布机关审签立法报批件过程中出现的修改法规正文内容问题,立法主管部门法制责任人员要注意协调处置好相关问题。法规正文内容的修改可能影响到编写说明和立法审查意见的一致表述,立法主管部门法制责任人员要协助主管业务部门承办责任人员一并

处置。法规正文内容修改可能涉及发布机关有关领导和其他相关内容,立法主管部门法制责任人员负责协调有关领导(参见本书附件三中的案例十三)或统一相关立法内容。

四、发布机关领导秘书必须熟悉立法报批件承办规程

发布机关审签立法报批件过程中,各级领导秘书参与审查成为重要环节,秘书必须熟悉立法报批件承办规程。尤其是《立法法》授予立法权的发布机关负责领导的秘书,受理立法报批件仅占日常公文办文量的百分之一,极易麻痹。发布机关各级领导秘书均应学习法规草案编写技术规范,并熟练掌握立法报批件审签承办规程。发布机关各级领导的秘书在受理立法报批件时(参见本书附件三中的案例八),均应及时咨询立法主管部门的法制责任人员。

第十章　发布机关承办印制法规规程

发布机关立法负责领导签署“同意发布”的法规文本[1]，由秘书部门按照法规文书规程退回呈报单位主管业务部门。呈报法规的主管业务部门具体承办人员拿着立法负责领导签发的报批件，向发布机关立法主管部门和文秘主管部门报备法规的电子版文本资料。并由立法主管部门法制责任人员陪同，到文秘主管部门办理登记法规发文号和使用立法负责领导印模手续等事宜。承印法规主管业务部门负责监印核校法规文稿，发布机关立法主管部门监控法规文印质量。发布机关组织承印法规期间，参与单位和人员须注意严密执行印制法规有关规程。

第一节　承办印制法规并报备法规文稿资料

发布机关承印法规的主管业务部门及其办理法规文印的责任人员，负责将立法负责领导签发的报批件定稿电子文本资料检查后打包存盘，然后亲自携带报批件及其存盘资料分别向发布机关立法主管部门和文秘主管部门报备，相关部门履行同意印制法规的最后审核确认程序。

---

〔1〕　参见徐承敏主编：《立法理论与立法技术》，法律出版社1989年版，第251页。

一、承印法规主管业务部门确定法规定稿资料

承印法规主管业务部门具体承办人员负责审核立法负责领导签发的报批件，检查法规专用呈批单传签过程有无遗留（漏）问题，全文检查报批件经机关各级传签后有无任何改动手迹，并与呈报前的存盘资料内容逐页对照检查。确认无遗留（漏）问题无须协调补救工作后，即可将立法负责领导签发的报批件定稿电子文本资料打包存盘。然后携带报批件原稿和存盘资料，与发布机关立法主管部门法制责任人员联系报备事宜。

二、法规报批件向发布机关立法主管部门报备

发布机关立法主管部门法制责任人员受理法规文本资料报备，将其拷贝存盘并查看法规专用呈批单上立法负责领导签署意见和法规文本状况。在发布机关年度立法登记簿登记法规名称并预设发文序号，核实文尾抄送栏注明的备案数量。然后持立法负责领导签发的法规报批件向立法主管部门领导报告，立法主管部门负责领导审核报批件。法制责任人员应根据具体承印人员的经验，详细交代承印过程中的注意事项。

三、法规报批件向发布机关文秘主管部门报备

发布机关文秘主管部门受理立法发文登记时，重点审查法规专用呈批单上立法负责领导签署批准同意发布的批示意见和生效时间。文秘主管部门受理承办人员会同立法主管部门法制责任人员和主管业务部门的承印人员，共同确认登记立法负责领导签署的准确签发时间，并登记确认批准发布的法规文书标题，拷贝印发法规存盘底稿资料，审核登记法规发文文号，并与主管业务部门负责承印人员办理用印模手续。

第二节 办理登记法规发文号和印模

被授予立法权的法规发布机关承印法规文书，通常使用区别于一般公文文号的法规专用发文号（参见本书附件四）。印制法规使用发布法规专用文号的公文文件，均采用区别于一般公文的法律发布专用模式（参见本书附件五）。立法发布机关文秘主管部门专门设立发布法规的发文登记册，记载发布机关发布法规文号登记信息。使用发布法规"令""命令"文种并用法律规范模式发布的法律文书，通常使用立法负责领导姓名手书印模而不用发布机关印章。

一、发布法规使用的法律文书发文号

发布法规的发文号主要由立法发布机关的立法负责领导职务或立法发布机关缩略字加"令"和"第"字后，排阿拉伯数字序号构成当年度法律文书发文号。如"中华人民共和国主席令第×号""国务院令第×号"或"军字第×号""×字第×号"等，分别为国家、政府、军队等立法发布机关发布法规的发文号模式。全国与地方的人大常委会和人民代表大会，均以机构全称加法规通过会议的序号为立法发文文号。

二、使用发布法规专用文号的公文文件模式

发布法规主要使用专用发文号的法规公文，其模式与一般公文文件有明显区别。除了不同于一般公文发文号采用承办部门"业务字号"加"第×号"序号外，发布法规使用"××令""命令"文种。发布法规首页无发文标题和主送范围要素，正文直接向有关施行单位公告发布法规并使用立法负责领导手书印模取代单位印章。发布机关使用"文件"或"通知"文种印发的法规文件，通常纳入本级规范性文件范畴管理。

三、申请登记办理发布法规专用文号

发布机关立法主管部门法制责任人员和主管业务部门负责承印人员向文秘主管部门报备并拷贝印发法规存盘底稿资料后，即可申请登记办理“××令”“命令”发布法规专用文号。主管业务部门负责承印人员在核校法规清样稿时，要确保使用的发布法规专用文号与登记在册的文号保持一致。发布机关文秘主管部门专门记载登记在册的年度发布法规文号，应与向立法主管部门报备法规资料时预设的发文号保持一致。

四、申请使用立法负责领导手书印模

主管业务部门负责承印人员向发布机关文秘主管部门申请登记办理发布法规专用文号后，同时还须申请使用立法负责领导手书印模。使用立法负责领导手书印模，原则上只要有立法负责领导同意发布批示即可开证使用。通常使用手书印模手续有两种办理程序：一是法规存盘资料送印刷厂前即开具使用证明；二是核校法规清样定稿后，拿三校清样稿以主管业务部门负责领导签字批准开印为准再办理使用印模证明。

第三节　承印部门监印核校法规文稿规程

主管业务部门负责法规印发人员承办印发法规，从将法规电子版存盘资料交付印刷厂开始即负责监印核校法规文稿。监印核校法规文稿从操作实施形式看，类似于印发一般公文的三校程序，但往往由于法规文书体量超大，对监印人员在耐心和细致方面提出更高的要求。负责承印分发法规的人员必须严格跟踪监印核校法规文稿清样、印刷制版、印刷及装订、分发和备案的全程规程，确保承印的法规文书高质量准确发布。

一、反复审核校对法规文稿清样

主管业务部门具体负责法规文印的人员从印刷厂拿到法规文稿清样后，必须安排专门时间对照报批件法规发文稿进行逐字逐句审核。通常一校清样应确保法规正文基础文字内容及法律技术规范准确无误，审核印刷厂出清样环节未发生技术失误。二校清样通常由主管业务部门业务主管处室安排其他人员进行复核，重点审核发布法规公文文件首尾页格式内容。三校清样综合审核确认无误后，呈主管业务部门负责人审签。

二、严格审核印刷制板质量

法规文稿清样通过审核后交由印刷厂制作印刷制版，主管业务部门具体负责法规文印的人员必须逐页逐版审核印刷制版质量。因设置制版版心及行距调整等格式印刷制版可能与清样出现差距，须由主管业务部门具体负责法规文印人员严格核查。具体负责法规文印的人员通常以三校清样逐页对照相应制版页，套审印刷制版页形式与内容的准确性。具体负责法规文印人员可亲赴印刷厂现场校审，确保印刷制版不返工。

三、严密监督印刷和装订环节

主管业务部门具体负责法规文印人员在确认印刷制版无误后，即可向印刷厂出示立法负责领导手书印模使用证明，并监督印刷厂开印。印刷厂印制法规文书过程中，由主管业务部门具体负责法规文印人员实施现场监印。印刷厂在印制设备技术条件有保障的情况下，可用电脑先照排样页并全文装订成册供技术审查。经现场监印的具体负责法规文印的人员审看认可并报领导审签后，再按发布法规所需印数印制及装订。

四、办理法规文书分发和备案登记

主管业务部门具体负责法规文印人员如数查收印刷厂交付的法规文件及其存盘资料后必须审看一遍，无问题的再送发布机关文秘主管部门办理备案分发登记手续。主管业务部门具体办理法规分发登记手续人员通常应签收需要备案的法规文件，配套电子文档资料一并送往发布机关立法主管部门登记备案。发布机关立法主管部门法制责任人员对备案法规文件审查认可后，再向报送备案的上级机关立法主管部门报送。

第四节　立法主管部门监控法规印发规程

法规发布机关立法主管部门作为负责立法审查的部门，从法规主管业务部门将法规电子版存盘资料交付报备开始即担负监控法规印发的责任。主管业务部门的承印人员是首次担负法规印发任务的，立法主管部门的法制责任人员应及时给予必要的指导。法制责任人员在配合主管业务部门承印人员办理法规资料报备、发文文号和使用印模手续后，应与其建立明确的联络渠道并指导掌控法规文印的重要节点。立法主管部门最后审查法规发文，经审核符合要求的再向上级立法主管部门备案。

一、管理印发法规登记报备详细信息

承印法规的主管业务部门通常前后两次向发布法规主要管理部门报备审批定稿后和印发后的法规电子文档存盘资料，作为管理和备案审查法规文件的基础资料依据。发布机关立法主管部门的法制责任人员在主管业务部门承印人员办理报备时，注意登记印发法规有关信息时反复审核发文尾页注明的备案数量。立法主管部门的法制责任人员与主管业务部门的承印人员应明确联系渠道，在法规印

发期间保持稳定的联系。

二、指导承印人员掌握印制法规重要节点

立法主管部门的法制责任人员在登记报备法规定稿存盘资料的同时,应指导主管业务部门承印人员掌握印制法规文书的重要节点。尤其是对首次承办法规文印的人员,必须强调即使在提供电子原版的基础上仍要坚持三校清样并逐字逐句审核。告诫其在相信印刷厂的同时必须承担审核责任,并介绍容易发生的问题或曾经发生过须警惕的案例。还应提示其特别注意审核印刷制版质量,在印刷成文节点应实施现场监印。

三、介入校核印刷法规文书基础质量

立法主管部门法制责任人员要保持与主管业务部门承印人员的联系,并可约定三校清样校核中间或定稿开印前介入文稿校核。主管业务部门承印人员在校核法规文稿三校清样时,可将清样稿送立法主管部门法制责任人员参与校核。立法主管部门法制责任人员也可在印刷厂文印期间,陪同主管业务部门承印人员协助实施现场监印。立法主管部门法制责任人员介入法规文印,可确保法规文书基础质量,避免低级失误。

四、法规发布经审核后再上报备案审查

立法发布机关发布的法规按照备案要求,由立法主管部门呈报上级立法主管部门进行备案审查。发布机关立法主管部门在收到主管业务部门按要求数量需要上报备案的法规后,法制责任人员必须进行备案审查报送前的最后审核。法制责任人员在法规上报备案的最后审核中通常应从备案审查的角度,审核发布法规依据贯彻上位法宗旨方面、适用范围和细化制度建设方面的逻辑合理性并针对可能的审查问题作必要准备。

第五节　发布机关印制法规需要注意的问题

发布机关印发法规文件过程中，主管业务部门承担监印核校法规文稿的任务，办公文秘部门负责核准文印承办用印事宜，承印印刷厂负责法规文稿印刷装订责任，立法主管部门监控法规印制和发放备案全程。参与单位和有关人员均须注意以下问题：明确法规文书与一般公文印制的区别，严格执行和遵守法规文书印制规程，严密管控并强化法规文印各道工序规程，确保审查通过的法规印制质量真正实现有法可依。

一、明确法规文书与一般公文印制的区别

发布机关参与法规文书印制的有关单位和人员，均应明确知道法规文书与一般公文的印制区别。通常认为法规印制只是个操作过程，但实际上每道工序都要面对审核问题（参见本书附件三中的案例十六）。具体承印人员注意严把三校监印关，确保法规印发稿与发布机关审批稿保持一致。办公文秘部门参与审核和发文的人员，应熟知法规文书的用印区别和发文规程。法制责任人员审查时要注意法规文书基础质量，印制期间更应时刻关注主要节点。

二、严格执行和遵守法规文书印制规程

立法发布机关印发法规与印发一般公文的最大区别，是增加了立法主管部门参与法规印发全程。立法主管部门的法制责任人员从承印人员报备法规资料开始，即担负指导监督法规文印人员严格执行和遵守印制法规规程的责任。法制责任人员应提醒承印人员注意严格遵守法规印制规程，并通过承印人员指导承印印刷厂强化各工序严格遵守印刷规程。法制责任人员在法规印制规程的关键节点，应及时介入审核防止失误（参见本书附件三中的案例十七）。

三、严密管控并强化法规文印各道工序规程

法规承印印刷厂在印制法规文书过程中，必须严密管控并强化法规文印各道工序规程。承印印刷厂印制法规文书各道工序之间，应贯彻“发现前道工序技术问题后道工序不受理”原则。针对法规文书不同于一般公文的特点，应增设建立前后两道工序共同审核的异议补救措施制度，当双方均认证无遗留问题并办理相应手续后，下道工序方可接替续办。承印厂完全可以避免的印制技术问题，绝不应该出现在法规印制成品中（参见本书附件三中的案例十八）。

四、确保审查通过的法规印制质量真正实现有法可依

发布机关涉及法规印制的有关部门，均应确保印制的法规文件真正实现有法可依。具体承印人员负责监控法规文件印制的全过程，保证承印法规文书三校审核过程不走样。承印厂印制的三校法规文书清样，可制作成形式上与正式发文完全一致的样文再送审。主管业务部门的负责领导必须亲自审签三校终校法规清样，确保本部门的立法文书质量。立法主管部门法制责任审查人员，注意印制法规的低级失误和技术问题。

第十一章 法规发布和备案前审查规程

法规发布机关发布法规文书使用法律专用特殊形式，基本上是在公文文书基础上作适用法律施行范围需要的必要调整。法规发布机关首次正式发布法规，必须以法规文件形式发布。法规发布机关承办法规印制的主管业务部门向文秘档案部门登记印制好待分发的法规文件前，即进入法规发布后发布机关有关业务主管部门备案前审查规程阶段。经备案前审查通过的法规由发布机关立法主管部门办理上报备案。

第一节 法规发布均以文件形式发布

法规发布机关首次发布法规均以文件形式发布，然后根据需要选择其他印发形式。法规以文件形式发布主要使用以下文种：以职务“令”或“命令”文种发布，以公文“文件”文种形式发布，以公文“通知”文种形式颁发。使用何种公文文种形式发布法规通常与法规标题中的法律名称相关，选择的公文文种形式与发布的法规的法律名称相对应。

一、以职务“令”或“命令”文种发布

法规以职务“令”或“命令”文种形式发布的，通常为社会实体组织系统和法人基本行为规范。通常上一代已经使用职务“令”或“命

令”文种形式发布的法规和在法律体系和部门法系统中属于基本法律的,应当继续选用该形式发布。属于修定发布和填补空白的重要且内涵成熟的法规,亦可选择职务“令”或“命令”文种形式发布。使用职务“令”或“命令”文种形式发布的法规,均可作为法院裁判的直接依据。

二、以公文“文件”文种形式发布

法规以公文“文件”文种形式发布的,通常为社会或集团某领域或某方面大政方针或宏观政策规范。从法规内涵方面规范宏观政策掌控原则和主体责任区分及实施阶段实现目标,属于上层建筑顶层设计范畴的法律规范适用于以公文“文件”文种形式发布。使用以公文“文件”文种形式发布的法规,符合法律技术规范的亦可作为法院裁判的直接依据。仅符合公文一般文件技术规范的,可纳入规范性文件掌握使用。

三、以公文“通知”文种形式颁发

法规以“通知”文种形式颁发的,通常为立法负责领导权限内专业专项或条款少于二十条或有待成熟、暂试用的法律规范。通常属于新增范畴或空白领域及调整适用范围的法规规范,或临时及紧急状态下须经反复验证核实或调整修改的可选用“通知”文种颁发。由发布机关的双领导其中一位负责领导签发并使用单位印章颁发的,亦可以“通知”文种颁发。凡用“通知”文种颁发的法规,宜纳入规范性文件掌握使用。

四、以公文文种形式发布法规对应的法律名称

法规以公文文种形式发布时,不同文种通常对应相应的法律名称。以职务“令”或“命令”文种形式发布的法规,通常使用“宪法”“法(典)”“基本法”“条例”“条令”“规定”“办法”“细则”“标准”等

法律名称。以公文“文件”文种形式发布的法规，宜使用“纲要”“概则”“通则”“要则”“决议（定）”等名称。以“通知”文种形式颁发的规范，使用“规则”“规程”“守则”“章（程）”“大纲”“制度”等名称。

第二节　发布机关有关部门备案前审查

法规发布机关承办法规文印的主管业务部门收到印刷厂交付的印刷好的法规文件后，在未向文秘档案部门办理登记分发前必须进行备案前审查。法规文件印刷承办人员首先应将法规文件分送主管业务部门和立法主管部门，接受两部门上报备案前的最后审查。主管业务部门和立法主管部门的负责人，分别安排专人按照备案要求进行备案前审查。

一、主管业务部门备案前审查

主管业务部门通常安排业务主管处室具体负责法规业务的人员，承担法规备案前审查。具体负责法规业务的人员拿到法规文件后，以发布机关负责领导签批的报批稿为准进行核对。主管处室还可安排有关人员参与翻阅法规文件，协助审核人员检查法规文件技术规范和印刷质量。具体负责法规业务的人员核对无误后，交由主管处室负责人审校通篇。审核结论确认后与立法主管部门联系，通告备案审查业务审核意见。

二、立法主管部门备案前审查

发布机关立法主管部门收到主管业务部门转来印刷好待备案的法规文件后，由具体负责介入法规审查人员承担备案前审核。具体负责介入法规审查人员对照主管业务部门报备的报批稿电子版资料，全文精读审核即将上报备案的法规文件。审核确认符合备案要求并核实备案法规文件数量后,报告立法主管部门负责人法规备案前审查情况。经与主管业务部门沟通后,由文秘档案部门将备案法规如数发立法主管部门。

第三节　法规发布机关上报备案

法规发布机关有关主管业务部门经备案前审查并协调一致后,向文秘档案部门办理发文登记手续。文秘档案部门登记接收法规文件后按照发文范围分发,包括发文范围标注的上报备案数量的法规文件。法规文件中上报备案数量的法规,先直接发给发布机关立法主管部门签收。立法主管部门如数收到备案法规后,按照备案机关有关法规备案的具体要求做备案准备:起草发布机关法规备案报告、每件备案法规均拷贝电子版文件资料并每份备案法规均后附编写说明资料一份。立法主管部门准备好备案材料后,在备案要求的期限内一并上报备案机关。

一、起草发布机关法规备案报告

法规发布机关立法主管部门通常在法规备案期限内汇集发布机关法规资料,并负责草拟法规发布机关备案报告。法规备案报告依据法规备案审查有关规程编报,报告中罗列备案法规名称、发布时间、备案数量等具体信息。发布机关法规备案报告,经发布机关立法负责领导签发上报。发布机关法规备案报告上报备案领导机关外,随备案报告上报的法规文件附编写说明及其电子版资料等材料直送上级立法主管部门。

二、每件备案法规均拷贝电子版文件资料

法规发布机关上报的每件备案法规,均应提供电子版文件资料。

发布机关立法主管部门提供的电子版资料，首先要对照备案法规文本进行审核核对。法规电子版资料通常以法规发布机关立法负责领导签发的文本为准，或以已经备案前审查后无误待发上报备案的法规文件文本为准。法规电子版文件资料包括每件备案法规的编写说明资料，立法主管部门负责备案的承办人员必须核实备案电子版法规文件资料的完整性。

三、每份备案法规文件均配套编写说明资料附后

法规发布机关上报备案的每份备案法规文件，均须后附配套编写说明资料一份。编写说明资料同属于备案审查内容，供参与备案审查的审查人员尽快熟悉法规内涵。法规编写说明资料均应与上报备案的法规内涵相对应，发布机关审议签发和印发过程中对法规文本的修正应及时对照更正编写说明资料。法规发布机关立法主管部门负责备案承办人员，要逐份文件配齐编写说明资料并采取必要的固定措施确保资料完整。

四、在备案要求期限内上报备案机关

法规发布机关在发布法规后的法规备案活动，属于发布机关发布法规的法定工作规程。法规发布机关在立法主管部门准备好备案法规的电子版本及编写说明资料后，即可在上报备案法规要求期限内上报备案法规报告。法规发布机关上报备案法规期限根据备案上级机关有关备案规定确定，通常按月或季度掌控备案期限。法规发布机关立法主管部门根据法规备案的期限，按照备案上级机关有关法规备案规程要求执行〔1〕。

---

〔1〕 参见周旺生：《立法学》，法律出版社 2009 年版，第 324 页。

第十二章　法规印发其他专用形式

法规发布机关在以文件形式发布法规的基础上，还可能以其他专用形式印发法规。通常以其他专用形式印发法规包括：法规以本册形式印发，法规用电子版形式公布和条旨版与释义版形式印发，法规用汇编形式重新编撰印发，以及选择其他专用形式印发法规需要注意的问题。

第一节　法规以本册形式印发

法规以本册形式印发主要是根据使用需要扩大应用范围，通常供主管系统的主管工作人员或实际使用操作的人员作为日常工作手册。颁发法规公文通常在发文范围中明确法规以本册形式印发，印发本册的数量和范围根据需要确定。印发的法规本册通常以内涵性质区分相应的封皮颜色，供使用单位掌握和管理使用。使用本册与发布文件的执行效力等级保持一致，由主管业务部门及时发放到位并建立使用管理规程。

一、先以文件形式发布法规再扩大范围印发本册

法规以公文形式发布时，即应明确发文范围中包括印发本册，通常发布法规文件范围有限但使用本册范围较大。拟印发本册的法规发布法规文件通常发到管理使用的主管单位和主管部门，然后印发

本册可发至具体操作使用的班组和主办人员。印发法规本册的扉页上标明颁发文件依据要素，统一选择全黑复印模式的文件版式（参见本书附件三中的案例十九和附件六）。收到颁发法规公文和本册的单位，根据授权在法规有效期内可依需要增印法规本册供基层使用。

二、本册封皮识别颜色区分法规类别

法规以本册形式印发的，为区分类别可选择相应的封皮颜色，国内通常综合性基本法规选用红色封皮、管理制度类选用蓝色封皮、技术操作类选用白色封皮。红色封皮的法规本册适用于系统各层级，蓝色封皮的法规本册适用于专业系统内部，白色封皮的法规本册主要适用于基层单位和操作人员。须与国际社会通用的系统或部门专业业务的法规本册，可根据国际通用规则选用相应的颜色区分系统内不同专业的本册。

三、印发本册的使用效力等级与发布公文保持一致

印发的法规本册在以发布公文为依据的同时，本册使用的效力等级与发布公文保持一致。即使用职务“令”或“命令”文种形式发布的法规本册，均具有法院裁判直接依据的效力等级。使用以公文“文件”文种形式发布的法规本册，符合法律技术规范的也具有法院裁判直接依据的效力等级；仅符合公文一般文件技术规范的，可纳入规范性文件掌握使用。用“通知”文种颁发的法规本册，仍纳入规范性文件掌握使用。

四、印发本册由各级主管业务部门建立分发管理规程

法规本册通常按机要文件发放渠道发至各级主管业务部门，通常由主管业务部门的业务主管处室建立发放和使用管理规程。各级主管业务部门的业务主管处室收到印发的法规本册后，应及时安排专人按照发放范围迅速如数下发使用单位并建立发放档案。收到本

册单位的主管科室，必须建立法规本册使用管理登记账册。法规本册标定密级的均按保密规定实行登记备案制度，并在使用消耗管理中实行以旧换新制度。

第二节 法规用电子版形式公布和条旨版与释义版形式印发

法规用电子版形式公布和条旨版与释义版形式的印发，也是在法规用公文发布后因本身无密级可直接为社会公众服务的形式。这些版本形式方便社会公众查询核对的同时，在专业系统内部也可供业内专业人士掌握统一规范准确施行。通常以这些版本形式公布或印发的法规，法规大标题下均用小括号将发布法规的公文依据或审议会议通过的依据准确标示。查询使用这些版本的法规时，须注意核实其是否现行有效。

一、法规用电子版形式公布

法规用电子版形式公布是在公文正式发布后利用互联网服务社会的基本通用形式，由主管业务部门根据社会活动需要选用。以电子版形式公布的法规可供转录引用和查询或下载携带，可作为公众社会行为规范和生产生活纠纷处置的参考依据。互联网相关网站转录主管业务部门公布的法规电子版资料，必须注明转录出处并确保资料完整准确。发布的法规被废止后，主管业务部门应在公布的电子版法规首页加注说明。

二、法规以条旨版形式印发

法规条旨版形式是在公文正式发布后服务社会特定专业群体的印发形式，由主管业务部门根据社会法律界和宣教系统等需要选用。

以条旨版形式印发的法规保留了编审期间法规草案使用的法条条旨,主要作为向民众宣教法规法理和法条主旨的指引。条旨版法规的条旨开宗明义限定了法条内容和内涵,便于读者掌握理解和使用。条旨版法律文书同时还将立法编写说明附于法规之后,供查询参阅人员一并参考。

三、法规以释义版形式印发

法规释义版形式也是在公文正式发布后服务全社会知法守法的通用印发形式,由主管业务部门根据社会各界掌握使用需要选用。以释义版形式印发的法规可能有两种形式,包括法条带条旨的形式和法条不带条旨的形式。释义版形式印发的法规关键是增加了法条的法理解释,每个法条后边随附该法条内容内涵的释义解读。法条的释义解读进一步说明相关规范的行为准则和法律责任,界定了如何掌握实施的社会空间范围。

四、法规公布和印发版本有效性认定

法规用电子版形式公布和条旨版与释义版形式印发版本的有效性,须注意电子版失效后在网络上仍然能查询到或印发的旧版本被新版本取代后可能仍有社会遗存。使用这些版本的法规均要首先核查法规大标题下的小括号内容,并同时查阅法规附则最后一条法条明令废止的内容。确认是现行有效最新的版本,方可作为引用资料并指导施行避免误导。已经失效和旧版本的法规资料,还可供新旧对照和立法演变研究。

第三节　法规用汇编形式重新编撰印发

法规用汇编形式重新编撰印发通常为法规发布机关或立法系统

的定期组织行为，通常以5年或10年为一个周期组织编撰，供社会组织或内部工作检索和查询使用。能够参与汇编编撰纳入正文重新印发的法规资料，首选条件就是在本次汇编阶段期限内必须现行有效。汇编的法规资料按照法律类别和组织序列分部门汇集编辑，并按汇编期限时间范围由远及近罗列法规正文目录。法规汇编收录有效正文以原文为准，但应按编撰要求进行必要的技术性修正。汇编期限内因各种情况发生失效的法规资料，统一汇编列入废止目录通告废止。

一、法规汇编收录正文的法规资料必须现行有效

法规发布机关按周期组织编辑法规汇编，由发布机关立法主管部门组织实施汇编编辑工作。立法主管部门按照发布机关部署法规汇编的要求期限，负责收集主管业务部门上报审定的汇编法规鉴定卡。经立法主管部门审核鉴定确认在本次汇编截止年度前仍然现行有效的，收录进法规汇编正文目录中。法规汇编收录正文目录的法规，由主管业务部门提供电子版文稿。立法主管部门负责终审校对法规汇编收录的法规正文。

二、法规汇编按法律类别和发布机关组织序列排序目录

发布机关组织编辑法规汇编，根据本级发布机关承办的法律、法规、规章区分类别编辑汇编正文目录。法规发布机关汇编正文目录通常按发布机关组织序列和主管业务部门名称，细分至部门专业小类排序罗列。汇编正文目录部门小类收录的法规正文目录名称，按照本次汇编期限和法规发布年代时间由远及近顺序排序。汇编法规正文目录除了罗列法规名称外，法规名称下用小括号注明法规发布时间和发布机关等依据。

三、法规汇编以原文为准允许按编撰要求技术性修正

法规汇编收录法规正文原则上尽量以原文为准,但允许按编撰要求进行必要修正和注释等技术性处理。法规汇编作为法规体系系统性法律规范汇集,应坚持贯彻法律的统一性和一致性原则。尤其是对不符合法规技术基础规范的表述和内容,均应按照编辑要求进行规范化处置。涉及发生变化和不适用的规范,更应作必要的删改或注释处理。凡是明显的印刷错误包括标点符号等,直接对相应内容内涵进行技术性校正。

四、法规汇编期限期间失效的法规列入汇编废止目录

法规汇编在收录的法规正文卷册后边,统一编辑废止目录。经法规主管业务部门审核鉴定属于汇编期限内被废止或被新法规取代的法规,收录进法规汇编附录的废止目录中。法规废止目录亦按照法律、法规、规章区分类别和发布机关组织序列及主管业务部门,并依法规发布的具体时间顺序罗列。法规废止目录通常分列序号、法规名称、发布机关和时间、说明四栏编辑,各栏如实填报并在说明栏中详细说明废止依据。

第四节 选择其他专用形式印发法规需要注意的问题

法规发布机关选择其他专用形式印发法规,必须确保法规正文与发布法规公文中的法规内容保持一致(按汇编编辑要求作技术处理过的法规除外)。其他形式印发法规在确保与发布法规公文一致的基础上,必须在法规标题下用小括号准确标明所印发法规的发文依据。

附　　录

附件一:首次清理法规发现的主要立法问题

附件二:立法审查发布与一般公文审签印发的主要区别

附件三:立法审查发布规程建立和施行初期部分典型案例

案例一:立法业务主管部门责任推脱之争

案例二:认为立法审查规程多此一举

案例三:初审发现立法法规依据的上位法还未发布

案例四:数年多文规范同一事务且有效但权限不一

案例五:业务部门不配合不理解出现低级失误

案例六:立法主管部门内部法制业务责任之争

案例七:两个业务部门规范同一对象但未协调统一

案例八:业务部门不理解立法精读审签规程造成重发

案例九:业务部门引用依据法规名称错误导致无法施行

案例十:业务部门不配合立法规划并推卸出事责任

案例十一:业务部门不理解系列法规共性内容统稿要求

案例十二:立法审查注意解决历史问题规范法言法语

案例十三:法制责任人员协调发布机关负责领导处罚批示

案例十四:立法审查注意引导业务人员选择合理用词

案例十五:法制责任人员归纳立法征求意见不当

案例十六:法制责任人员发现并纠正法规文印问题

案例十七:法制责任人员叫停隶属机关法规文印

案例十八:立法备案审查发现法规中有无法识别的怪字符

案例十九:立法主管部门规范法规本册扉页形式

附件四:发布法规文件与颁发一般公文要素模式区别
附件五:发布法规专用文件首页样式
附件六:发布法规文件印发本册扉页样式(含主要要素)

附件一　首次清理法规发现的主要立法问题

首次清理法规发现的主要立法问题

方面	立法活动中存在的主要问题
立法制度	1. 用一般行政公文制发法规,用零散电文规范法律制度等,未区分日常行政管理与立法制度,非法制现象较普遍。 2. 下级用一般行政公文贯彻执行上级法律规范。 3. 数个行政文件反复规范同一事务;数年间为规范同一事务或该事务局部行为,制发数个文件相互交叉补漏。
立法权限	1. 下级制发应由上级制发的立法法规,副职签发应由正职签发的立法法规等,越权立法现象以多种形式普遍存在。 2. 下级发文废止上级制发的法规或法规局部规范行为。 3. 用一般行政公文代替或废止法规文书。
法规标题	1. 与一般行政公文标题混用,适用范围不明确。 2. 规范事项含混且归纳不确切,简称称谓使用不当。 3. 法律名称被滥用,不分层级及内涵均用“条例”名称。
题文内涵	1. 标题小、内容大(头小身大)或标题大、内容小(头大身小),标题与内涵差距过大。 2. 因标题与内涵对应不紧密,造成适用范围及规范主线不稳定,规范主体掌握不准,内涵超出标题现象较多。
立法依据	1. 缺少立法依据或找不到直接立法依据,或依据未制发。 2. 缺少上位授权立法依据,上下位法律缺少直接关联。 3. 立法依据太牵强或过多过滥,表述不精练不规范。
依法立法	1. 概念不清晰,通常以自身需要立法,我行我素。 2. 服从上位法原则理解欠缺,超出或不符的问题较多。

续表

方面	立法活动中存在的主要问题
职责职权	1. 概念区分不清:机关部门拟制、呈报与单位制定、审批混淆。 2. 职责与职权交叉:如业务部门"报批"责权一词表述。 3. 职责超越职权表述:如业务部门"制定"规章制度等。
权限矛盾	1. 同一事务:同部门不同法规规范的审批权限出现差异。 2. 同一事务行为标准:主管不清,两部门分别有不同的规范。
法制统一	1. 部门内部不严谨:同一事务称谓、行为,表述存在差异。 2. 系统内部不统一:纵向掌握范围、内涵均欠严密。 3. 相关部门欠协调:横向业务系统协调不够,共性规范不一致。
规范内涵	1. 规范行为含混不清,操作规程细则经不起推敲。 2. 内涵存在时序、时空交叉混乱现象,倒(逆)的规范较多。
法言法语	1. 不懂得如何使用法律语言,形容、比喻及口语表述明显。 2. 法律语言用词不妥、简称不规范,表述不统一。
可操作性	1. 存在规范赋予权限或管理范围受限的行为或行动。 2. 出现环境、条件造成难以执行或做不到的情况。
法规时效	1. 现行法规内容多有失效或局部内容已过时的情况。 2. 名称标注为"试行""暂行"的法规规章十多年未更新。
立法规程	1. 业务部门通常各自为政,混按一般行政公文处置。 2. 承办程序不稳定,制度不一致,由主管领导说了算。 3. 缺少反复广泛征求意见和立法综合审查等必要规程。
立废制度	1. 制度不稳定,有时明确、有时不明确,认为制度可有可无。 2. 不明确或不知道有此制度,有的忘记或不知如何表述。

附件二　立法审查发布与一般公文审签印发的主要区别

立法审查发布与一般公文审签印发的主要区别

项　目	立法审查发布	一般公文审签印发
目　的	建章立制。	专业(项)业(事)务指导。
性　质	法规制度综合审查发布。	专业(项)事务管理审签。
专业主管	负责专业审查和草案编写说明审查。	业务文件起草及办文说明。
业务部门	主管业务系统协调会审,组织修改意见审定。	业务主管处室审改,主管部门领导审签。
相关部门	参与立法审查,参加会审并出具审查意见。	有关部门传签(修改)。
呈报机构	组织单位呈报会审审查。	单位领导审查签报。
法制部门	介入初审,参与会审,负责终审,签署立法审查意见。	通常不参与。涉及规范性文件内涵可提出审查建议。
相关机关	参与立法审查,参加会审并出具审查意见。	有关机关传签并协助审查(修改)。
机关部门	组织立法会审。协调各级审查意见。各级主官签报。	通常主要(管)领导(包括副职)签呈(报)。
发布机关	召开立法发布审查(议)会,出具审查(议)决定。	通常主要(管)领导(包括主管副职)签发。
审签发布	发布机关立法审查(议)会议通过后。呈报单位再按报批程序并用法规文种呈报,最后由发布机关的立法负责正职领导手书签发。	通常由哪级领导签发即用哪级机关红头文件印发,或由上级领导批准授权下级机关印发。
印发文号	使用发布机关令字序号并由立法主管部门登记掌管。	主管业务部门自行掌握。使用机关业务部门字号。
印发发布	由立法主管部门监督印发或立法主管部门统一印发。	由主管业务部门具体承办。
备案审查	按照发布法规规定上报备案。进行立法备案审查。	以发文归档范围掌握。

附件三 立法审查发布规程建立和施行初期部分典型案例

案例一:立法业务主管部门责任推脱之争

立法业务主管部门责任推脱之争

法制正规化建设初期,确定立法主管部门是首要问题。机关里曾出现法律顾问部门、行政管理部门与办公文秘部门等多个业务部门之间,由哪个部门主管立法法制业务的责任问题,有的单位甚至为此争议多年。

上级布置全面清理新中国成立以来(1949—1989 年)发布的行政法规任务后,法律顾问部门、行政管理部门和办公文秘部门反复协调拖延近半年。在法律顾问部门参加上级有关业务工作会议,检查各单位清理法规工作安排进度时,参会人员发现本部门既不掌握(管)法规资料状况,也不具备审核指导机关各业务部门清理法规文件的权威。遂提出协调建议报请有关部门共同上级领导批准后,将清理法规任务交由行政管理部门牵头,原制定法规规划(该规划包括 2300 多项立法项目)单位(机关学术研究部门)、档案馆(隶属于办公文秘部门)和法律顾问部门派人参加,成立清理法规办公室,在机关清理法规领导小组领导下开展工作。

清理法规办公室(以下简称"清法办")由行政管理部门负责机关业务部门清理工作的指导协调,在落后其他单位的状态下重新启动清理法规工作。由于单位主管领导倾向于由行政管理部门主管法制业务,在完成首次清理法规工作后一直由行政管理部门承担立法主管部门的责任。上级机关制定发布法制工作条例后,经上级法制主管部门出面协调,最终将法制业务工作移交办公文秘部门管理,从此才与上级单位和其他单位的立法业务工作实现法制专业业务系统管理的一致性。

案例二:认为立法审查规程多此一举

认为立法审查规程多此一举

法规草案区别于一般公文另行建立立法审查规程后,一些业务部门和业务系统曾存在法规管理规程是“多费一道手续”的观念,认为多此一举。国家组织首次全面清理法规工作,有人也认为属于找历史旧账,是费力不讨好的事,没有业务部门愿意承担。为完成上级下达的清理法规任务,牵头的行政管理部门派出一人参加“清法办”承担机关部门居中协调的责任。后期随着国家法制基础建设工作逐步开展,经参加法制业务培训,行政管理部门开始受理组织法规草案立法审查工作和国家立法征求意见活动,立法法制主管部门的责任越来越明确,但立法审查规程与日常一般公文管理程序混为一谈的状况仍然存在。

立法工作由于增加了法规文书立法审查的规程,就出现公文办理的两个渠道:一般业务公文仍按原渠道报送办公文秘部门;而法规文书须先送行政管理部门。经行政管理部门审查通过后,再由业务部门报送办公文秘部门。如何区别掌握和确认公文种类并选择正确渠道,对于业务部门和办公文秘部门的具体承办人员来说,遇到的新问题是可能出现判断差异,这可能直接影响立法审查规程的稳定性。还有就是文秘部门人员变动和领导秘书催办事项或熟人关系等因素,造成可有可无、多此一举等观念的影响不时发生。

在早期的法规立法审查办理过程中,曾经出现呈报文秘部门被转送行政管理部门,或绕过行政管理部门直接送主管领导秘书的情况,甚至行政主管部门内部也将有关规程当成可有可无、多此一举的事情。

案例三:初审发现立法法规依据的上位法还未发布

初审发现立法法规依据的上位法还未发布

立法主管部门在某次介入法规草案立法审查初期,曾向主管业务部门的承办人员提出想看一下法规立法依据中提到的依据文件。但主管业务部门的承办人员拖了很长一段时间未予答复,立法主管部门法制审查的人员后来在已发布的现行法规目录中也查无结果。立法审查法制人员主动协调主管业务部门的承办人员,才知道承办人员也是刚接手负责该项目的续办工作,涉及历史编写过程以及依据文件的来龙去脉仍在了解中,还由于时间长、经手人员变动大,仅能提供相关材料供参考。

结果发现数年前单位组织制定法规建设体系综合规划时,共汇集了2300多项立法项目。这次主管业务部门呈报的法规项目所提到的依据文件,即是已列入该法规建设规划中的项目。该依据文件属于此专业业务系统的上位基本法,按照原规划的计划安排应该已发布。但经联系其主办部门介绍,该依据文件的草稿虽已完成,但原主办人员已离职换岗,还未确定承接人员。另告知:未能按原规划计划执行还因涉及业务系统内部编制机制和管理制度调整引起的变动,可能需要研究重新编写修改且短期内不具备发布条件(造成依据文件事实上确实不存在)。

因立法法规办理通常耗时长,从数月至数年甚至十数年不等,其间遇到各种因素的变动可能已成常态。立法审查法制初审人员最终协商主管业务部门承办人员可以考虑重新研究办理,并建议首先理顺目前专业业务系统变动状态的内部关系。同时提出两个选择方案:急需情况下适当调整内涵并置换依据文件,或等待原上位法正式出台后再制发。

案例四:数年多文规范同一事务且有效但权限不一

数年多文规范同一事务且有效但权限不一

立法主管部门法制责任人员在清理法规中发现某主管业务部门为了规范同一项制度,多年来曾连续六七次反反复复发文。规范名称以“规定”“补充规定”“规定的说明”等不断补救,虽然在局部内容上有所更正但所有文件规范制度仍然都继续有效。由于在时间上跨越多年,当被问及此件内容内涵的具体背景关系时,主管业务部门因人事变动等原因无人完全说得清。甚至后发的文件与前发的文件在执行和审批权限上还发生了明显的变化,却未明确废止前文,前后文仍然都在有效执行。

经立法主管部门法制责任人员了解,该制度规范几年来数人经手,经几任业务部门主管领导审签印发。但因起草和协调的规程不规范、不充分,往往在基层执行过程中遇到难以施行的问题而变更。导致基层宁愿反复打电话反映和请示局部问题,上级机关不厌其烦地解释与指导,也未最终下决心从根本上建立稳定制度并形成统一管理体系。这明显反映了业务部门缺乏对实际情况的全面了解与掌控,经常处于“头痛医头、脚痛医脚”的应对状态。甚至当规范制度需要调整执行审批权限时,也未引起必要的重视,仍采取处理一般文件的做法,以后发文为准处理。

鉴于主管业务部门这一制度规范的状况,负责清理审查的法制责任人员提出审查建议:先处理执行审批权限不一致的问题,明确废止旧的审批权限,解决多年多文同时有效的矛盾;然后研究并制定该制度规范的重新修定规划,并针对原规范的业务制度涉及的专业事务范围,帮助主管业务部门负责人员分析研究了业务法规体系规划的建设问题。

案例五:业务部门不配合不理解出现低级失误

业务部门不配合不理解出现低级失误

上级统一建立法规草案立法审查规程制度后,有一些业务部门在制发法规文书时仍然存在"多此一举"的观念。也有个别业务部门领导甚至质疑上级政策,不但不要求所属人员主动严格配合立法审查工作,还在工作中散布"审查与不审查没大区别"的论调。

立法审查法制责任人员曾收到办公文秘部门综合秘书转来某业务部门呈报的公文,经初审判定为规范性文件,属于可纳入立法审查规程范围的文书。但发现此文件首先存在公文办理的低级失误,办文呈批单显示是拟用上级机关红头文件直接印发基层单位署名上报的文书,可是发文标题明显不是按上级转发下级文件办理。从公文办理基础常识来说,要么是承办人员不懂或懒政未作技术处理,连形式和署名都保持原样就拿来直接上报并拟以上级名义下发,要么是部门领导签报时审(看)都没审(看)就走形式签署上报并同意就这样办理了。立法审查法制责任人员马上协调办公文秘部门综合秘书,建议还是先由文秘综合系统直接退回修改后再报。没想到办公文秘部门综合秘书实话告知,该部门原意想不送法制办审查!从程序上来说这文件存在的问题肯定是行不通的,主管领导秘书认为由于还涉及规范性文件审查事宜,就由法制审查一并处理吧。

立法审查法制责任人员只好按初审规范性文件定性处置,将一般公文的基础问题和规范性文件的法制问题一并标注在文稿上。然后直接面呈办公文秘部门主管领导说明情况,并请其出面直接通报该业务部门签报领导此文件有关基础问题所在,请其派人取回重办。

案例六:立法主管部门内部法制业务责任之争

立法主管部门内部法制业务责任之争

法规立法审查主管工作归口办公文秘部门后,因其涉及法律事务特殊的专业性,与普通文秘业务有明显区别,其工作量是一般文秘工作难以承担的。法规文书的体量平均是一般公文的数(十)倍以上,特别是必须多次精读法规文书并研判法理关系耗时相当长,从受理初审、组织征求意见再审到终审定稿报批通常经数月至数年时间,只能由法制责任人员专项承办。所以前期法制责任人员虽由行政主管部门移交办公文秘部门的秘书处室,但具体业务工作通常由办公文秘部门的主管法制领导直接管理。涉及法规文书所有事务的呈办渠道,也是由法制责任人员直报部门主管法制领导审定后行使立法主管部门职责专门办理。

立法主管部门依据国家《立法法》健全各级立法审查制度,使法规立法审查规程逐步步入正轨。法制责任人员根据审查规程切实承担审查责任,并负责在法规发布呈批单上增设的"立法审查意见"专栏签署专业审查意见。其所在的办公文秘部门领导和法制责任人员所在秘书处室负责人,曾想将立法规程纳入一般行政公文承办系统,并已制定办公文秘部门内部工作程序,但法制责任人员认为不便执行。随后接连发生的不严格执行立法审查规程的案例八、案例九、案例十等问题,使承担立法主管责任的办公文秘部门最终认识到:从未全程参与法规草案编写和立法三审及多次精读草案稿的人员,当追究法规立法法制审查责任时,才发现一般文秘业务部门人员和兼负主管法制责任的部门领导确实难以担责。曾拟定的部门内部工作程序再也无人提起。

案例七:两个业务部门规范同一对象但未协调统一

两个业务部门规范同一对象但未协调统一

法规发布机关立法主管部门在立法审查会议中,遇到主管业务部门与主要的相关业务部门在同一事务参与对象上出现差异,其中相关业务部门的专项法规已经有过明确规定。该主管业务部门新的规范内容因涉及参与人员经费保障待遇,引起有关方在综合审查会审中发生较大争议,明显属于在相关部门前期沟通时协调不到位。法制责任人员及时劝阻当场争论,会后详细了解了双方规范有关对象出现差异的原因。

两个业务部门都从各自主管业务的角度规范同一事务参与对象,都认为该待遇与本部门主管的业务工作对象关系密切。但因对参与实施对象身份要求标准不一,不但各部门实际掌握执行有异,而且还给第三方的经费保障业务主管部门带来如何掌握保障标准的问题。可见业务部门立法须充分注意相互协调,必须广泛征求意见,有关部门和单位均应发函(稿)到位或针对重大问题面对面协商,才能确保充分沟通和相互了解。在程序不漏、方法正确的前提下,还应确保经负责的专业主管人员经手,即使主管人员出差在外也要耐心等待其回来处理。

法制责任人员针对两个业务部门出现的矛盾,建议通过有更高批准权限的立法机关发布相关专业新的综合性法规进行充分协调。希望两部门充分利用综合性法规审查机会争取统一意见,这样既不需要处理原先相关部门自行规范内容(新法发布后按新规范执行,旧法自行失效),又可利用上位法取代下位法和以上层次法规内涵为准的法理原则,从而彻底化解这一问题的纠纷,最终也解除了第三方经费保障部门的困扰。

案例八：业务部门不理解立法精读审签规程造成重发

业务部门不理解立法精读审签规程造成重发

主管业务部门前期比较注意执行立法审查规程，法制责任人员在介入立法审查初审阶段，根据该法规在法律体系中的位阶和属性，并考虑到草案初稿是交由呈报单位下属研究机构组织编写，且体量篇幅超大、内涵复杂的实际情况，审查中重点明确须特别注意基本管理措施要与上位立法依据保持一致。但未得到主管业务部门应有的重视，在接下来的工作环节未严格执行法规草案技术规范要求和立法初审原则意见，未严密组织立法征求意见活动和立法审查规程要求的立法主管部门再审。

主管业务部门一天突然将草案文稿呈报发布机关负责领导（因立法负责领导紧急催办），并得到立法负责领导的鼓励性长篇批示。承办人员拿着领导批件到法制办要求签注立法审查意见，法制责任人员认为还未逐字逐句审看，即使已有领导批示也应负责任地审看后（通常需时一周）再签。但主管业务部门领导不理解立法精读与审查的必要性，要求承办人员立等马上拿到审定意见并不给足够的审看时间（因可能造成与立法负责领导的签批时间相差太大，也影响机关各级有关领导的补签问题），法制责任人员面对走形式的审签无法接受。最后主管业务部门逼着办公文秘部门主管法制工作的领导代替法制责任人员（未审拒签）签注（一般业务公文施行“文责自负”，以往偶有紧急办理实例）。该法规下发后不久即引发基层执行单位哗然，主管业务部门被迫根据上级指示组织执法检查调研，最终因主要管理人员责任与上位法明显相悖无法执行，主管业务部门承担未严格实施立法审查规程责任，只好全部收回数千册的法规本册，法制责任人员受邀参与审查和重发。

案例九:业务部门引用依据法规名称错误导致无法施行

业务部门引用依据法规名称错误导致无法施行

主管业务部门认为立法审查“多此一举”,承办人员从一开始就未重视法规草案起草工作,仍沿用传统的处理规范性文件的做法并躲过法制责任人员审看、绕过立法审查渠道呈报法规文书,又未严格按上位依据法规的正确法律名称引用,虽经多级领导(均未发现错误)历经两年审批却难以下发基层。上级批发的文件到达办公文秘部门的文档系统接收时,法制责任人员及时发现问题后迅速出具全文审查处理意见,向部门主管法制领导报告,立法主管部门负责领导(该领导以前曾任职于该部门)通告该主管业务部门速研处置措施。

立法主管部门根据该文件的状况,赶紧收回上级已发文件(基层使用须另外大量翻印)。然后与主管业务部门商研处置措施,研究是报告上级主管业务部门按作废处理重新报审,还是利用被授予的本级立法权另行制发。因该法规属于在业务全系统内施行的指令性法规,上级原则上已经批准下发执行,主管业务部门最终被迫选择由本级立法主管部门重新编写,以上级批件为施行依据使用本级立法权报送本级立法负责领导批准下发。是否抄送相关部门和单位由主管业务部门自行处理。

法制责任人员严格按照法规编写技术规范要求重新编写该法规,在正确引用上位依据法规法律名称的同时,处理纠正了多处易产生歧义的逻辑错误表述,还将原规范文件(使用业务部门文号)的所有技术性瑕疵(包括条款项格式和序号及标点符号等问题)一并解决。上报本级法规发布机关立法负责领导签批后,立法主管部门使用法规发布专用“令”字文号登记一次性印发足够数量的执行文件。并将此情况向上级立法主管部门作技术备案。

案例十:业务部门不配合立法规划并推卸出事责任

业务部门不配合立法规划并推卸出事责任

主管业务部门不主动配合立法主管部门安排的法规编修规划,基层依据现行法规操作出事故后,主管业务部门想找借口推卸责任,引起办公文秘部门(履行立法主管部门责任)与主管业务部门之间的紧张状态。在追查事故责任的有关会议上,法制责任人员提供了法制办给主管业务部门有关编修法规规划事项的公函(原件),是主管业务部门用盖着部门红印章的回函(也是原件)明确推迟了有关法规修改规划项目(属于十多年前发布的引进设备旧法规)计划,没想到半年后就在与该拟修改法规项目有直接关系的行动中发生特大伤亡事故。因原法规与立法主管部门的责任毫无关系,办公文秘部门的主管领导彻底解脱压力。

自从建立法规立法审查工作制度以来,该主管业务部门从来都不主动配合立法主管部门开展工作。其他主管业务部门凡是涉及本部门法规审查事宜的,均主动与立法主管部门和法制责任人员联系并安排调研活动。法制责任人员下基层均有业务系统人员陪同或接待,能充分了解法规项目目前的实际状态。但出事故的主管业务部门不但找各种理由(包括引进设备问题和相关保障单位责任问题)将事故责任推到组织实施活动的执行单位(有责任),当立法主管部门的法制责任人员事后为与出事故密切相关的问题进行实地实物调研时,始终未得到主管业务部门的主动安排,只好靠基层人员在现场指引。

该主管业务部门后来为补救本部门主管的法规项目(多达上百项)修改工作开始配合立法主管部门工作,但承办人员由于害怕再次担责进展缓慢。此后办公文秘部门秘书处室再无人提及介入立法审查事宜。

案例十一:业务部门不理解系列法规共性内容统稿要求

业务部门不理解系列法规共性内容统稿要求

主管业务部门一次送审数个不同对象规范同一事务法规草案(多人分别编写),属于系列法规范畴。立法主管部门在草案初稿阶段介入审查时,即发现草案中有不少规范内容均属于共性规范,并在初审意见中就提出需要进行统稿处理,但未引起主管业务部门的应有重视。

立法审查规程对法规编写的共性内容统稿要求,主要针对的就是同一事务的概念表述和处置同一行为规范的基本原则和要求。统稿的编写标准就是要做到同一对象同一概念或行为的一致性,充分显示立法的公平公正。虽然系列法规针对不同对象分别发布,但都由同一立法负责领导签发,不应出现厚此薄彼的双重标准。法制责任人员在审查中始终坚持此类问题文字表述的一致性,内涵理解同样应无歧义。最重要的是通过统稿的一致性审查,能够确保维护立法负责领导发布法规的权威性,改变重建法制正规化制度之前存在的不严肃、不严谨的随意性,回归法律体系、法律制度本来的法理崇高威严本性,实现法律制度确实有法可依并且公平公正。

系列法规会经常遇到不同规范对象须面对同一事务的行为要求,若无职责或环境特殊性等区别则均应执行相同标准。但有的主管业务部门对法制责任人员反复审改共性内容缺乏耐心,不能深刻理解并配合立法审查统稿的要求。甚至怀疑法制责任人员在审查中是故意刁难,在共性规范不一致问题没完全解决的情况下,由本系统直接上级出面干预统稿审查,使立法主管部门领导和法制审查人员非常为难,影响统稿进程。

案例十二：立法审查注意解决历史问题规范法言法语

立法审查注意解决历史问题规范法言法语

法制责任人员在审查编修旧法规草案的过程中，经常会遇到几十年前普遍使用的通用词汇，如船舶驶离码头泛用“出海”一词，海面锚桩俗称“水鼓”（旧式锚桩多形似鼓面）等。这些用词在办文文秘系统签发一般行政公文时，没人提出异议，从来都是主管业务部门自定。但立法审查过程中经核查辞海、词典等专业用语，发现船舶驶离码头还有比较合理的用词如“出航”，而国际上锚桩通用的表述是“浮筒”（新式锚桩为各种筒形）。遂建议船舶政（警、军）务行动区别于渔民驾驶渔船活动，选用“出航”（也与实际操纵船舶口令相符）较宜，而锚桩改用国际通用的“浮筒”名称更为贴切。

立法主管部门在立法审查中还发现同一类对象（范围）出现不一样的前置代词，如“其它”和“其他”的混用，可能会带来各种疑问和争议。有的文书都使用“其它”，有的文书都使用“其他”，但指向的可能是同样的一类对象。甚至还有的公文前后有时使用“其他”（可能是对象甲），有时又使用“其它”（可能是对象乙），甚或即使针对同类对象还是不一样的混用毫无顾忌和规律可言，确实值得商榷和合理规范。立法主管部门最终利用审查一部系列法规的上位基本法规，建议立法文书中统一规范前置代词“其他（它）”的使用。将“其他”一词专门用于凡是人类社会组织和活动行为的表述，而将“其它”一词仅赋予人类社会行为以外的自然界范围及动植物界（非人类）对象的表述使用。

上述法言法语的合理使用既符合中文语法原理和国际惯例，也是正确引导有关主管业务部门规范法规文书较为成功的技术案例。

案例十三:法制责任人员协调发布机关负责领导处罚批示

法制责任人员协调发布机关负责领导处罚批示

立法主管部门按照立法审查规程办理法规报批稿呈报签批过程中,偶遇发布机关负责领导在呈报稿局部事项的法律责任问题上,加注的一段处罚文字内容与附则中共性处罚条款产生累述重复问题。这属于纯立法技术范围涉嫌法律后果范畴共性处罚内容重复表述的法理问题。

若按照一般行政公文审批后印发办理,领导既已签发只是重复并无矛盾,呈报的主管业务部门按照批示照印无妨。但是从立法逻辑严密的角度讲却是明显的技术瑕疵,最轻的问题是此处重复强调了处罚,那别处是否也需要强调或是处罚可有可无呢?虽然附则中的共性处罚条款可涵盖所有需要处罚的行为,但似乎仍存在要求程度上的差异。领导重视该处违法行为的处罚,与附则中共性处罚条款用意不谋而合,法制责任人员判断可能只是因为负责领导审批文件太多,未审看到文尾而已。

法制责任人员以往遇到法规文书呈报过程中的此类情况,通常属于实质性内容的修改批示,必须商主管业务部门研究处置措施,有时还要安排向作出批注的领导专题汇报,协调修改后再按照立法报批程序办理。但此次属于纯立法技术瑕疵问题,影响的仅是法规的逻辑严谨性。考虑到附则部分已经满足了发布机关负责领导强调处罚的本意,遂采取简化处理。法制责任人员主动联系发布机关负责领导的秘书,简要解释了上述立法法理逻辑的纯技术关系问题,由秘书必要时解答相关情况,并在报批呈报稿的发布机关负责领导批示处注明:已报领导秘书同意,不必修改。并通告主管业务部门换页后存档及续办事宜。

案例十四:立法审查注意引导业务人员选择合理用词

立法审查注意引导业务人员选择合理用词

法制责任人员在审查编修旧法规草案的过程中,会遇到受社会时代氛围影响使用的宣教词汇。如政治工作方面提出“政治空气浓”等形容氛围要求,或做好某项工作常用“认真”“抓(搞)好”等口(俗)语化形容、比喻词汇表述态(力)度。虽然描述氛围浓淡大家也能理解,“抓”或“搞”也能让人明白要用力动手。但从法律行为的施行角度讲实际执行或操作时是很难准确把握或掌控的,尤其是要求的环境浓度或态(力)度更无法衡量具体数值是多少或真假好坏的量化标准。

法制责任人员审查中建议将“政治空气浓”改用“政治方向明”,从字面和含义上把形容环境氛围引向明确的政治目标。“政治方向明”既符合政治工作的基本标准要求,又不仅仅显示宣教环境模式而明确指向政治工作的正确方向和目标。由于该专业系统多年来从上到下一直沿用传统说法,这次仅在一个具体法规中改变说法需要上报主管领导同意并在相关系列的制度中一并调整。经过主管业务部门研究并请示报告,上级主管领导最终同意采纳了立法主管部门的调整修改建议。

法制责任人员针对主管业务部门做好某项工作要求“认真”“抓(搞)好”等俗语形容、比喻表述,建议直接使用“必须”“做到”“应当”“强化”“达到”等确定性双字词要求类规范词语,并通过立法技术基础培训针对法规草案中的具体表述内容反复引导编写人员在编写和业务审查阶段即不断调整,在促进业务部门的送审稿质量逐渐提高的同时,使用语用词达到行为表述规范且更为贴切并易于具体执行人员掌握操作。

案例十五:法制责任人员归纳立法征求意见不当

法制责任人员归纳立法征求意见不当

法制责任人员在汇总上级组织立法征求意见的工作中,可能遇到有关单位出现从部门或局部利益关系提出修改意见的情形,此时需要法制责任人员审慎判断并正确归纳。立法主管部门的法制责任人员曾在反馈本单位某项立法征求意见的公文中,归纳了部分单位提出的符合本单位权益的意见。上报后已经各级领导签批即将印发,法制主管负责人出差回来后发现上报归纳的部分意见与国家法定责任相悖。遂及时向主管领导汇报并获得同意,重新修改了部分归纳意见后再印发上报。

法制责任人员归纳上报反馈的立法征求意见,不仅反映基层单位的意见,也代表着单位立法主管部门的法制素质,更体现被征求意见单位领导机关集体的法治观念。有的同志认为反正只是征求意见,可以如实直接反映一下,采纳不采纳是上级的事。虽然基层单位提意见允许畅所欲言,但仍然要坚持建设性反映问题和实事求是,尤其是领导机关和立法专业主管部门负责反馈立法意见必须归纳合法意见、上报意见应慎之又慎并自觉尊重法律制度。否则不仅无参考价值甚至有可能干扰或误导国家法律的顺利制定,更影响到基层提意见单位法制素质的提高和被征求意见单位立法主管部门在法律界的法律观念信誉度。

历史上曾有单位参与国家立法反馈的意见因过于感情用事而未被引起足够重视,导致出现管理措施数十年无法全面真正落地的教训,这应引起立法主管部门和法制责任人员的高度重视。面对每次立法征求意见工作,均应以严肃慎重和高度负责的态度上报符合法治宗旨的建设性意见。

案例十六:法制责任人员发现并纠正法规文印问题

法制责任人员发现并纠正法规文印问题

立法主管部门的责任自从移交办公文秘部门后,办公文秘系统的业务法规也被纳入了立法审查规程。办公系统综合性的法规基本能按立法审查规程运行,但仍有技术性的传统业务出现“灯下黑”的状况。

法制责任人员在文印厂校对法规汇编资料时,偶然发现一份细化贯彻国家公文处理条例的管理办法正要制版开印,已经办公文秘负责领导呈报立法负责领导签发。其中公文层次中阿拉伯数字序号后边的标点符号仍然用的是顿号,并未按现行公文处理条例标示实心点的规定执行,即马上联系承办人员询问。不承想承办人因工作调动已经离岗了,此管理办法是直接上报给办公文秘部门负责领导交差的。立法主管人员即刻让文印厂暂停印刷,并拿来依据的公文处理条例请文印人员核对修改,然后与办公文秘部门负责领导联系汇报有关情况。

国家机关在20世纪90年代初即重新规范了阿拉伯数字序号后标点的使用,但很多机关、单位包括银行、医院等贴在墙上的管理制度中,阿拉伯数字序号后面仍多使用顿号。作为一级有国家立法权的领导机关,十多年都因主管人员的疏忽未完全贯彻公文处理条例确实让人遗憾。

这次虽及时发现并纠正了失误,确保细化贯彻公文处理条例的管理办法在施行范围内维护了立法机关的权威,防止了继续误导各级办文机构和文印人员造成以讹传讹。但同时让法制责任人员深深感到,仅是一个实心标点的落实就显示出严格执行立法审查规程的必要性。

案例十七:法制责任人员叫停隶属机关法规文印

法制责任人员叫停隶属机关法规文印

一次立法主管部门对主管业务部门送审的法规文书经立法审查程序终审定稿报批后,由承办人员拿回本级机关办理文印事宜,被本级文秘机构又改回一般公文格式,承办人员向文印办理人员解释也无用。承办人员考虑还须办理报备事宜心中不踏实就联系法制责任人员告知,法制责任人员也觉得奇怪不知如何修改的,只好让其再送过来看一下。

法制责任人员看到即将印发的法规文件又改成一般行政公文样式,甚至连阿拉伯数字序号后的标点也改回顿号,才发现下级机关文印部门仍有人不仅不懂法规文件格式,甚至还存在不符合现行公文格式的误区。立法主管部门以前曾组织过法规文书培训,各级文秘部门和相关单位的主管人员都应该知道法规文书与一般公文的区别,判断可能是因为传达落实不到位仍有死角,或是正好遇到从基层机构新调上来的打字员。法制责任人员只好联系该机关文秘主管部门的主管领导,通告其上述情况并请其出面查问什么原因,如果已准备下发法规即刻叫停。很快负责的主管人员回话告知已停发并马上按立法审查的定稿重印。事后听说具体承办文印的值班人员休假后刚上班,未参加过以前的法规文书规范培训。

法制责任人员发现不仅很多业外人士不清楚法规规范格式,而且公文文秘的业内人员也经常区分不清法规与一般公文的细节区别。甚至对十多年前早已发布的国家公文处理条例规范的具体变化,也不甚明白,才致使在公文文秘系统中仍然按传统的文印格式办理,造成印刷的宣传材料上持续出现未施行正确公文格式规范的现象。

案例十八：立法备案审查发现法规中有无法识别的怪字符

立法备案审查发现法规中有无法识别的怪字符

法规草案经立法负责领导签批后，由主管业务部门承办后续印发事宜。不久即赶上立法主管部门组织五年一次的现行法规汇编，在报备审稿中竟然发现该法规末页出现两行无法识别的怪字符（多出半角字符）。下发到基层的都是同一个版本，造成的不良影响可想而知。按说法规文书也是跟一般行政公文一样经三校才制版印刷的，但成品结果说明最后的三校胶片还是没把住关！纯粹的技术失误说明印刷校对工序欠缺严谨。

立法法规文书在立法负责领导正式手书签批后，已经经历编写修改和审查规程数月或数年的主办部门和承办人员绝不可在印刷阶段放松警惕，只有出正品法规文书才算最终完成立法任务。法规文书印刷阶段也分为好几道工序，从打印出清样、三校到制版、印刷、装订需要经手数道工序，道道关口均曾出过意外，切忌松懈。

法规文书通常因其体量较大，三校带来的疲劳程度是可以理解的。尤其是第三校本能认为应当基本没问题了，但没想到操作人员无意中触碰了键盘一下，就出现字符串位（怪字符显现），也就这样制版了——三审校对人员没逐行逐页看到最后一版，就上机开印了——印制过程中监印人员未仔细查看每版前几页的成品状况，就交付给装订工序了——装订好后准备下发前再无人从头看一遍，就分装登记逐级下发基层了。如果这期间主管业务部门承办人员、主办处室领导或主管部门的领导，在上述环节中稍微较真再看一遍成品的法规全文，还可及时发现问题，只要最后能重印出错的一页即可避免造成有法无依的尴尬局面。

案例十九:立法主管部门规范法规本册扉页形式

立法主管部门规范法规本册扉页形式

主管业务部门在呈报综合性或装(设)备型号技术性法规草案时,经发布机关领导签批后,通常按公文文秘渠道下发文件到有关机关作为发文依据,并在文件中明确其本册的发放范围,然后按使用需要印制本册,再通过机要渠道分发法规本册到使用单位。此类本册扉页上所附的下发本册的依据以往曾出现过两种显示形式,一种是附着全黑色的依据文件要素的文件形式,另一种是采用红色依据文件样式并在发布机关署名处也用红印的文件形式。可明显反映出印发本册式法规掌握的发布依据扉页形式不统一,并且扉页保留的发文要素也不尽一致。

本册式法规通常都是使用范围普遍大于发文范围的法规,也是基层单位各级岗位依法施行管理或操作较为方便的日常工作手册。本册扉页上所附的下发文件属于批准发布法规的依据,是该本册法规时效性的证据。由于扉页空间不可能将依据文件上所有内容全部载入,通常只将发文字号与密级、发布机关全称与公文文种名称、批准发布施行的法规名称和废止的旧法规名称等依据全文、发布机关(负责人实名)全称、发布(生效)时间及本册适用范围等主要要素,按照发布文件的形式内容和格式载于本册扉页上。

法规本册扉页上的依据文件作为批准发布依据,必须确保所载发布依据主要要素齐全。由于本册法规下发时发布文件与本册分离,在本册扉页所载依据文件与发布文件内容确保一致的基础上要有所区别,经立法主管部门协调统一后,本册扉页选择采取全黑色复印式一致性收录依据文件的主要要素,作为发布法规本册扉页规范的批准发布施行依据。

附件四　发布法规文件与颁发一般公文要素模式区别

发布法规文件与颁发一般公文要素模式区别

要　素	发布法规文件	颁发一般公文
文　号	发布机关（负责领导职务）令字号或发布机关缩略字号。	发文机关业务部门字号。
密　级	多为无密级。	多为秘密级以上。
红头文种	“令”“命令”文种为主。辅以“文件”“通知”文种。	根据业务文件内涵和发文需要可选择各种文种。
文件标题	“令”“命令”文种无发文标题。	必须有发文标题。
主送单位	“令”“命令”文种无主送单位。	有明确主送范围。
正　文	通常各文种均直接通告发布的或废止的法规名称。	根据发文内涵简介发文背景并告知发文要求。
文件落款	“令”“命令”文种为签署发布领导职务和实名制姓名。	发文机关全称。
用印盖章	“令”“命令”文种使用签署发布领导手书印模。	使用与发文机关全称完全一致的印章。
发布本册	通常在发布时间后或文尾页抄送栏前注明发布本册范围。	无本册。
文尾后缀	文尾页抄送栏中明确增加“备案（×）”项目及数量。	无备案。

附件五　发布法规专用文件首页样式

〔20××〕××字第　号　　　　　　　　　　　　　　　**（密级）**

↑（签署发布领导职务令或立法发布机关缩略字文号）

××××××××（　令　）

↑（或命令等文种）

（令或命令文种无标题）

（令或命令文种无主送）

现发布《（发布机关或规范事务）×××××（法律名称）》，自20××年××月××日起施行。

20××年××月××日发布《（发布机关或规范事务）×××××暂行××（法律名称）》即行废止。

××××（主席）　　手

书　　位

印　　置

×××（总理）　　模

↑（或签署发布领导）

（或发布机关、立法机构全称并用单位印章）↑

二〇××年　月　日

（本册发至×××）

附件六　发布法规文件印发本册扉页样式(含主要要素)

〔20 ××〕×× 字第　号　　　　　　　　　　　　　　**(原发文密级)**

↑(签署发布领导职务令或立法发布机关缩略字文号)

××××××××(　令　)

↑(全页如复印件黑色)　　　　　　　　　　　　　　↑(或命令等文种)

(令或命令文种无标题)

(令或命令文种无主送)

现发布《(发布机关或规范事务) ××××(法律名称)》,自 20 ×× 年 ×× 月 ×× 日起施行。

20 ×× 年 ×× 月 ×× 日发布《(发布机关或规范事务) ×××× 暂行 ××(法律名称)》即行废止。

××××(主席)

实名

×××(总理)

↑(或签署发布领导)

(或发布机关、立法机构全称)↑

二〇 ×× 年　月　日

(本册发至 ×××)

结　语

本书资料源于编者亲身参与20世纪80年代至新时代前期国家立法局部活动，这也是国家恢复法制建设初期第一代参与实践者们经历的部分写照，是亲历者们最想记录在案的共同追忆。

编者于20世纪末期有幸介入国家法规清理工作后，逐渐明白法制建设活动有别于一般行政管理工作，在法规清理过程中总结的立法经验教训更让人警醒。立法审查发布参考规程属于国家机关最高层次的民主集中制度，彰显了更广范围和更深层次的集体睿智，是为建设法治国家和社会共同初衷反复奋斗的必然过程。坚守法规编写技术规范也始终是法规审查发布期间需要共同遵守的基础规程。

本书以《法规草案编写技术参考规范》一书为蓝本，后经编者修改，成为立法事务发生发展规范规程的续篇。《法规草案编写技术参考规范》出版后即重新动笔修改充实，中途又因整理编印先辈百年纪念画册资料而中断。总算在中国共产党第二十次全国代表大会召开后完稿。

立法审查发布规程经世纪之交的立法实践活动，既得到普遍验证又取得相应的经验教训，期望可供新时代确立的法治建设规划顶层设计和立法法制活动参考。谨向鼓励并协助的志同道合的战友们致以诚挚的谢意，愿业内人士能继续同心协力共促法治初衷的实现。

编　者

2024年春节后于小井润园